政治革命家 大川隆法

幸福実現党の父

大川隆法
RYUHO OKAWA

まえがき

二〇〇九年五月に日比谷公会堂で「幸福実現党」の立党を宣言してから四年余りになった。母体となった宗教法人「幸福の科学」は、ノンポリの人が多く、日曜日に選挙に行くよりは、精舎《しょうじゃ》で修行するほうが好き、という人が大半だった。「政治」は、マスコミ的言論の中で、オピニオンとしてのみ存在していたといってよい。この重たい巨大教団の歯車を回し、「知行合一《ちこうごういつ》」型の活動形態に変えるのは、まだまだ、という感じである。

しかし、国難は現実のものとして現れてきた。次の時代をデザインしなくてはならない。

本書は、「幸福実現党」の立党者である大川隆法の、政治革命家としての側面に焦点を合わせて書かれたものである。できるだけ平易な言葉で、今日の政治の論点を語ってみた。他党との違いもわかりやすかろう。

この一冊から読み始めても、「幸福実現党とは何か」がよくわかる入門書である。

二〇一三年　七月八日

幸福実現党総裁《こうふくじつげんとうそうさい》　大川隆法《おおかわりゅうほう》

政治革命家・大川隆法　目次

政治革命家・大川隆法

――幸福実現党の父――

二〇一三年七月七日　収録
東京都・幸福の科学　教祖殿《きょうそでん》　大悟館《たいごかん》にて

質問者　※質問順

綾織《あやおり》次郎《じろう》（幸福の科学上級理事　兼《けん》「ザ・リバティ」編集長）

立木《ついき》秀学《しゅうがく》（幸福の科学理事　兼　ＨＳ政経塾塾長）

［役職は収録時点のもの］

政治革命家・大川隆法

——幸福実現党の父——

二〇一三年七月七日　収録

東京都・幸福の科学　教祖殿《きょうそでん》　大悟館《たいごかん》にて

1 「私の考え方」を分かりやすく語りたい

「守護霊霊言《しゅごれいれいげん》」の影響《えいきょう》で劇的に変わった日銀

綾織　本日は七月七日です。御生誕日《ごせいたんび》、おめでとうございます。

立木　おめでとうございます。

大川隆法　ありがとうございます（会場拍手《はくしゅ》）。

（質問者たちに）懐《なつ》かしいコンビですね。

去年（二〇一二年）の一月、年明け（二日）に、当時の白川《しらかわ》日銀総裁の守護霊《しゅごれい》霊言《れいげん》を、この二人（綾織・立木）などを質問者にして収録したところ（『日銀総裁とのスピリチュアル対話』〔幸福実現党刊〕参照）、その約一年後に日銀総裁が替《か》わり、「アベノミクス」が始まりました。まさに歴史的な始まりになりましたが、まさか、あそこから、このようになってくるとは……。

綾織　劇的に変わりました。

大川隆法　はっきり言って、あの〝一発〟ですよね。日銀のなかまで激震《げきしん》が走りました。あの本は大して売れたわけではないのですが、〝弾《たま》〟が重かったし、当たるべきところに当たりましたね。

綾織　安倍《あべ》政権は、今、あの日銀政策だけで走っている状態です。

大川隆法　そうですね。幸福の科学が先行して〝弾〟を撃《う》つと、世間《せけん》がいろいろと動いてくるのです。

今回も、思想界の「革命の志士」が質問者として来てくれたので、また、新しい時代の変革が始まる最初の一石になるのではないかと思います。たまたま、日もよろしいので、次の日本の政治における〝震源地〟になるようなものを考えてみたいですね。

綾織　日銀の政策の変化は、日銀にとって、本当に革命が起こったようなものだと思います。

大川隆法　そうですね。

綾織　ただ、今は、日銀だけではなく、政治全体に本当の意味での革命を起こしていかなければなりません。

大川隆法　日銀は要塞《ようさい》のようなもので、外からは攻《せ》めにくいものになっていますが、マスコミは、日銀に対し、ズバリとは攻められませんでした。

ところが、当会の撃った〝弾〟は日銀のなかに入り、総裁室まで届いたのです。日銀内部での回し読みは、そうとう多かったらしく、ほとんどの人が、あの本の内容を知っていました。また、その内容は国会でも取り上げられたのです。

結局、あの本が〝震源地〟になりました。あれに合わせて、自民党の今の経済政策が出来上がってきたようなものです。自民党は、いろいろな識者を呼んだりして、一年間かけ、経済政策をつくりました。安倍政権は、その経済政策で、最初の半年を成功軌道《きどう》に乗せたわけですね。

一連の「政治霊言《れいげん》」等が、民主党に引導を渡《わた》した

綾織　安倍さんのブレーンの方々も、白川日銀総裁の守護霊霊言《れいげん》を読んでいました。

大川隆法　そうでしょう。

綾織　仲良くさせていただいている方もたくさんいるのですが、悔《くや》しいことに、あの本の内容を全部データ化し、それをメールで送信して、回し読みをしているそうです。「本を買ってほしい」と思うのですが、「とにかく早く読みたい」ということのようです。

大川隆法 （笑）著書の「まえがき」や「あとがき」に、あまりはっきりと本文の内容を書くと、そこだけを書店で立ち読みされ、終わりにされる可能性があるので、最近、私は、「本文を読まないと中身が分からないようにするか、本をビニール包装にしなければいけないかもしれない」と考え始めています（笑）。

綾織 「袋《ふくろ》とじにする」という方法もあります（笑）。

大川隆法 そうそう。「『まえがき』と『目次』だけを読まれるといけないから」と思い始めたりもしているんですけどね。

まあ、去年、日本の政界等に向けて撃った〝弾〟のなかには、当たったものもかなりあります。年初には日銀に向けて撃ちましたが、年末には、民主党を衆院選での大敗に追い込《こ》むことができました。民主党に引導を渡《わた》したのは、去年のお盆《ぼん》から怒濤《どとう》のごとく出した、政治関連の一連の霊言やその他《た》の本だと思うのです。幸福実現党が選挙で勝利したわけではありませんが、そういうものが下地になって自民党が大勝し、民主党は壊滅《かいめつ》寸前まで追い込まれました。今回の戦い（参院選）の結果が悪ければ、民主党が本当のミニ政党になってしまう可能性もあるのです。

今日の話は、それを決めるようなものになるかもしれません。

活動実態等から見て、「幸福実現党は政党」と判断できる

大川隆法　先日（二〇一三年六月十一日）、私は当会の編集部門の女性局長たち三人からインタビューを受け、『素顔《すがお》の大川隆法』（幸福の科学出版刊）という本を出しました。その本には、政治についての話題も最後のほうで一部出ています

が、それは、どちらかといえば、「宗教家としての大川隆法」を中心に据《す》え、その全体像に迫《せま》ろうとしたものです。

私は、さまざまな霊言集《れいげんしゅう》を出してはいますが、目次のあとの断《ことわ》り書きには、「なお、『霊言』は、あくまでも霊人《れいじん》の意見であり、幸福の科学グループとしての見解と矛盾《むじゅん》する内容を含《ふく》む場合がある点、付記しておきたい」と書いてあります。

そのため、「幸福の科学の考えは、いったい、どういうものなのか」ということが分からない面もあるでしょう。

そこで、今回は、「私の考え方」を分かりやすく語りたいと思います。

また、今回の参院選の投票日が近づいてきているので、幸福実現党の考え方や政策等についても語ることにします。

今回の参院選では、幸福実現党の立候補者について、新聞等が写真入りで紹介《しょうかい》してくれたり、テレビでその姿が少し流れたりはしています。

しかし、まだまだマスコミサービスがよろしくなく、党首討論などに出してもらえないため、幸福実現党自体の考え方や政策、他党との違《ちが》いについては、国民に対して適正な情報を提供できていないと思われますね。

政党要件と言われているものは、政党助成法や公職選挙法の規定に基《もと》づいていますし、そのため、国会議員がほんの二、三人しかいないところや、たった一人しかいないところでも、政党として認められたりしている一方、幸福実現党は政党として扱《あつか》われていません。

今回の参院選では、自民党や民主党、共産党が大勢の立候補者を立てていますが、その次に立候補者数が多いのは幸福実現党です。各都道府県の全部の選挙区と比例代表で五十人を立てているのです。

幸福実現党には一定の政策があり、全国的組織や支持基盤《きばん》もあります。そして、創立後の四年間、運動を継続《けいぞく》しています。その活動実態等を総合的に見るかぎり、私が最高裁の長官であれば、「幸福実現党を政党と判断して構わない」と思うはずです。

自分たちの側から意見を発信するしかない現状

大川隆法　ある意味で、マスコミは幸福実現党に意地悪をしているのでしょう。去年、日本維新《いしん》の会が、まだ政党要件を満たしていない段階（当時は大阪《おおさか》維新の会）で、しかも何か事件を起こしたわけではないのに、半年間も報道され続けていたことから見れば、幸福実現党は意地悪をされているのだと思います。

幸福実現党の場合、党首が党首討論に出たり、マスコミのインタビューを受けたりはしていないので、自分たちの側から、自らの考えを平明に説明し、「政策面で他党とどう違うのか。他党の政策について、どう思うのか」ということを述べなくてはなりません。そのように、「自分たちの側から意見を発信する」ということも一つの方法だと思うのです。

直近の選挙に十分に役立つかどうか分かりませんが、少なくとも本として出しておけば、しだいに、いろいろなかたちで影響が出てくるのではないでしょうか。

今日は、話の内容において、あまりディテール（細部）に入りすぎると、一般《いっぱん》の人には分からなくなるので、ディテールには入りすぎないようにし、大まかなところ、一般目線で分かるあたりの話を狙《ねら》いとしたいと思います。

私の著書はたくさんありますし、いろいろと講演や街宣もしてきていますが、「幸福実現党は、結局、どのような政党なのですか」というようなところを、上手に訊《き》いてくだされば、「大川隆法の声」としてお答えしましょう。

綾織　私たちにはマスコミとも接点がありますが、当会がマスコミから疑問に思われていることもたくさんあるので、今日は「マスコミの代表」的な視点でもお伺《うかが》いしたいと思います。

大川隆法　（笑）そこに行きますか。

綾織　あまり〝意地悪なこと〟はお訊きしないようにいたします。

大川隆法　まだ（前職のマスコミから）給料が出ていたりはしませんよね。

綾織　（笑）とんでもないです。

大川隆法　あるいは、「十万円だけ生活保護手当が出ている」ということは……。

綾織　（笑）いえいえ、決してございません。

大川隆法　（笑）

2 「幸福実現党」立党の趣旨《しゅし》

幸福実現党の党名そのものが「政治の使命」を表している

綾織　最初に、ごく素朴《そぼく》な疑問について、お伺《うかが》いいたします。

実は、「幸福実現党とは何か」ということが、まだ、マスコミや世間《せけん》の人々には十分に理解されていないところがあります。

大川隆法　そうですね。

綾織　当会の宗教活動がすごく目立っているため、マスコミのなかには、「宗教のＰＲの機会を持つために、政治活動も行っている」という意地悪な見方もありますし、ごく素直《すなお》にそう思っている人もいます。

幸福実現党の活動内容を見れば、「本格的に政治活動をしている」ということが分かるのですが、マスコミ等には、まだ、その部分をしっかりと受け止め切れていないところがあるわけです。

そこで、大川総裁から、改めて、幸福実現党の立党の趣旨《しゅし》を教えていただきたいと思います。

大川隆法　それは、結局、「哲学《てつがく》のところが見えていない」ということだと思うのです。

幸福実現党を、英語では、"Happiness《ハピネス》 Realization《リアライゼーション》 Party《パーティ》"と訳していますが、アメリカの共和党の人は、この党名を見ると、すぐにピンときて、「これだ！

うちも党名を変えようか」と言ったぐらいです。「"Republican《リパブリカン》 Party《パーティ》"（共和党）だと、何だか分からない。こちらのほうが、はっきり分かってよい」と思ったようです。

アメリカ人には、はっきり分かったのですが、日本人の場合、「幸福実現」と言われても、思想なのか、宗教なのか、よく分からないのでしょう。

実は、この党名そのものが「政治の使命」を表しているんですね。

政治の目標は「多くの国民が幸福に生きられる」ということ

大川隆法　宗教では、心の幸福を中心にして、人間の生き方や人生観の持ち方、「どうやって、よりよい人生を生きるか」ということを説いている場合が多いのですが、現実世界についても、人の手によって変えていける部分は、まだそうとうあります。

心の持ち方や人生観の持ち方を教え、人生の反省等による自己変革を迫《せま》るのが、宗教の中心的な面だとすれば、「幸福実現」というのは、「具体的に人間を幸福にするための活動、および、その成果」を重視した運動と取れます。

したがって、「多くの人々、多くの国民が幸福に生きられる」ということが、やはり政治の目標だと思います。そして、それは、「具体的で、かつ、動機において正当で、結果において成果があがるもの」でなければならないのです。

幸福実現党は、「宗教法人幸福の科学が言うユートピア思想を、現実に活動として表した場合、政治の世界では、どのように展開するか」ということを実践《じっせん》しています。その意味で、幸福実現党は実戦部隊ですし、政治の本道に則《のっと》った「幸福の実現」を目指しています。

「幸福実現」という言葉は、そういうプラスイメージの言葉なのですが、国民や、それを国民に伝えるべきマスコミは、まだ、その言葉の意味を十分に理解できていませんし、実は、政治の目的も理解できていないのではないでしょうか。

そして、「政治の目的は政争での勝利にある」と考え、「一種の群れ同士の勢力争いが政治だ。『騎馬戦《きば》で、どの騎馬が残るか』というようなことが政治なのだ」と認識しているマスコミが多いのではないかと思います。

もちろん、政治においてコンペティション（競争）があってもよいのですが、それは、「どちらが、より多くの国民を幸福にできるか」という意味でのコンペティションです。これは、あってもよいでしょう。

しかし、政争や競争が政治の目的ではありません。政治においては、あくまでも、国民生活を幸福なものにし、「この国に生まれてよかった」と思う人たちを数多くつくっていくことが大事なのです。

そういう目的のために、幸福実現党は立党されました。

幸福実現党には、その意味での哲学が一本入っているのですが、マスコミ等は、その哲学の部分を読み取れないでいるのではないかと思います。

古代ギリシャのプラトンが理想とした「哲人王《てつじんおう》」

綾織　今日のタイトルは「政治革命家・大川隆法」ということで……。

大川隆法　だから、少しイメージチェンジなのですが、そういう面が出てくれば、ありがたいと思うんですけどね。

立木　革命と申しますと、従来、社会主義革命や共産主義革命のイメージがありましたが、そういうものについては、ソ連等の崩壊《ほうかい》もあり、ある種の結論が出ていて、一部には、「ユートピアの追求そのものが危ないのではないか」という考えもあろうかと思います。

幸福実現党は「ユートピアの建設」を目指して頑張《がんば》っていますが、それと社会主義革命などとの違《ちが》いは何であり、われわれは、どういう正当性を持っているのでしょうか。それについて教えていただければと思います。

大川隆法　古代ギリシャに、プラトンという哲学者《てつがくしゃ》がいますでしょう? ソクラテスの弟子《でし》ですが、プラトンの著作のなかに『国家』というものがあります。哲学と政治学の両方にわたる古典です。

その国家論のなかに、「哲人王」という思想が出てきます。

プラトンより四十歳《さい》ほど年上だった、彼の師のソクラテス、後世、あれほど「哲学の祖」として尊敬されるソクラテスは、民衆による民主主義的裁判によって死刑《しけい》にされました。

だから、弟子のプラトンは、民主主義に対して、はっきり言えば、嫌悪感《けんおかん》を持っていたと思います。そして、「民衆のなかに立派な人がいれば、多少は違うかもしれないが、民主主義は、限りなく衆愚政《しゅうぐせい》に近く、放置すれば、すぐ衆愚政に転落するものであって、実は、政治制度としては最悪に近いものだ」と見ていたのです。

ところが、近代の流れにおいては、逆に、フランシス・フクヤマ氏の著書『歴史の終わり』のように、「民主主義制度は最高のものであり、政治の最終形態だ」という、正反対の考え方も出てきています。

レーニン・毛沢東《もうたくとう》と孫文《そんぶん》との違《ちが》いは「哲学《てつがく》」にあり

大川隆法　プラトンの「哲人王《てつじんおう》、あるいは哲人政治家が出て、政治を行ったほうがよい。凡庸《ぼんよう》な君主では困るが、哲人政治家が出て政治を行えば、うまくいく。はるかに優《すぐ》れた方が行う政治のほうが、凡庸な民主主義政治、衆愚政治よりもよい」という考えは、儒教《じゅきょう》で言えば、君子による政治のようなものでしょう。

そのモデルを近現代で探し、「旧ソ連のレーニンやスターリンは哲人王であり、哲学に基《もと》づいてユートピアを求め、国家をつくったが、あんなひどい結果になった。毛沢東《もうたくとう》も、毛沢東哲学に基づき、革命を起こしたが、何千万人もが大量に粛《しゅく》清《せい》され、国民は、ひどい目に遭《あ》った。哲人王政治は、結局、あのようなものであり、ろくなことにならない」というようなことを言う哲学者もいます。

また、評論家の立花隆《たちばなたかし》さんも、「それがスターリンのようなかたちで出てしまった」というようなことを言っています。

ただ、哲人王といっても、彼らの場合、持っている哲学の内容に問題があったと思いますね。その哲学に間違《まちが》いがあれば、何をしても間違うからです。

例えば、共産党は「大企業《だいきぎょう》は悪《あく》」と言っていますが、必ずしも、そうとは言えないでしょう。身近な例で言うと、セブン-イレブンの全国展開によって、生活が楽になった人は大勢います。もちろん、「パパママストアが潰《つぶ》れた」という面を見て、「よくない」と言う人がいるかもしれませんし、プラス面を見ず、マイナス面だけを見たら、そうなりますが、全国で同じようなものが手に入るようになり、「便利になった」と感じている人は大勢いるのです。

同じように思想に基づいて政治運動を起こしても、結果がよい場合もあります。例えば、中国では毛沢東革命が起きましたが、彼より先に出ていた孫文《そんぶん》は、「三民主義」に基づく民主主義革命を起こしました。これが完成せず、この勢力（中華民国《ちゅうかみんこく》）が共産党勢力に負け、台湾《たいわん》のほうに逃《のが》れて小さな国になり、共産主義革命を行ったほうが大きい部分（大陸部）を取ってしまったことは残念です。もし、孫文の革命が成功していれば、今の中国は民主主義的国家になっていたでしょう。

やはり、哲人王に関しては、「人の問題」と「思想の内容の問題」があり、その善《よ》し悪《あ》しは一概《いちがい》には言えないのではないでしょうか。

あと、幸福実現党は「幸福実現革命」と言っていますが、これは、共産主義革命のような、反対する者たちを皆殺《みなごろ》しにするような革命を言っているのではありません。それでは、「幸福」という言葉と合わない感じになりますからね。

次の参院選での大勝が自民党の「終わりの始まり」

大川隆法　幸福実現党の立党（二〇〇九年五月）の時点で、私には、「民主党が政権を取っても、すぐに崩壊する」という予測が立っていましたが、実は、民主党政権誕生より前に、自民党は終わっていました。

安倍《あべ》首相が辞《や》め、次の福田《ふくだ》首相も辞め、最後に麻生《あそう》さんまで出てきましたが、その「保守の砦《とりで》」と思われていた人が、あっさりと崩《くず》れていく姿を見て、「自民党には、もうあとがない」ということが私には分かったのです。

ところが、その後《ご》の民主党政権において、三人の総理大臣があまりにもひどかったため、「彼らよりは、ましだったかな」と思われて、自民党への揺《ゆ》り返しが起き、安倍さんが首相に返り咲《ざ》きました。昔懐《なつ》かしい「ペコちゃんキャンディ」のような感じで（笑）戻《もど》ってきたのです。

ただ、今の自民党には、「アベノミクス」によって、すごい勢いがありますし、新しい自民党として、未来がいくらでも無限に広がりそうに見えてはいますけれども、「これは幻想《げんそう》だ」と私は思っています。

実際には、民主党に政権を取られる前の時点で、自民党は終わっており、それから先の哲学を自民党は持っていなかったのです。本当は、あの時点で自民党は終わっていたのですが、幸福実現党の思想を吸収することによって、延命治療《えんめいちりょう》がなされました。それを丸取りしたために、延命できたのです。その結果、今、一時期、党勢を盛り返したように見えているわけです。

自民党は、「次の参院選では大勝するだろう」と言われているので、そうなるかもしれません。しかし、それが「終わりの始まり」になる可能性は極《きわ》めて高いでしょう。そのあとがないのです。

民主党は、もう人材を使い切ってしまい、ほとんど残っていませんし、その哲学も、はっきり言って、目茶苦茶《めちゃくちゃ》になっています。

しかし、自民党のほうにも次の哲学がありません。「安倍さんの次に出てくる人は、どういう哲学を持つべきか」と言っても、それがないのです。

「その哲学を当会から供給し続ければ、次の総理ができるか」と言えば、それには受ける人の側の問題もありますし、おそらく、「そうならない可能性のほうが高い」と思います。その意味では、〝王政復古〟をして、もう一回、引っ繰《く》り返る時代が来るでしょう。

私が幸福実現党を立てたときには、「民主党は問題外」と見ていましたし、「自民党政権も、すでに崩壊した」と感じていました。

今、安倍さんが〝蘇生措置《そせいそち》〟によって生き返っていますが、こんなことは、自民党の五十年の歴史のなかでなかったことです。それが起きているのですから、あくまでも例外です。「そのあともある」と思ったら、実は間違いなのだと思うのです。

私が幸福実現党をつくった理由、そして、今、「幸福実現革命」と言っている理由は何かというと、自民党がなくなるからです。自民党という政党は、戦後、責任政党として、長く何十年も活動してきましたが、自民党に先行きはないのです。

もう既成《きせい》政党には政権を任せられない

大川隆法　「自民党はない。民主党では駄目《だめ》」というとき、いったい、どこが、この国を引っ張っていくのでしょうか。残っているところとして、何がありますか。

共産党に任せるわけにはいきません。それでは日本が完全に〝中国〟になってしまうでしょう。

また、社民党が、党本部のビルを建て直し、党勢を復興するかというと、それは考えにくいですね。

あるいは、公明党が、いよいよ天下を取り、イスラム教国家のような宗教国家をつくるのでしょうか。しかし、公明党には、まったく哲学がありません。「コバンザメ兵法で自民党にくっつき、与党《よとう》に入る」ということだけが目的のように見え、ほとんど思想がないに等しい状況《じょうきょう》です。

あと、みんなの党は、行政改革ぐらいであれば、やるかもしれませんが、それは一大臣の仕事のように見えます。

今、「地方自治」を推《お》し進めると、国政が混乱する

大川隆法　日本維新《いしん》の会の人気は、今、従軍慰安婦《じゅうぐんいあんふ》問題の影響《えいきょう》で落ちていますけれども、そもそも、最近の流れを見ると、彼らが言っていた「道州制」は、もう、かなりかすんできました。

これには当会の言論のパンチも効いていると思うのですが、この維新の会は、「大阪《おおさか》市長が国会を動かしたら、どうなるか」ということを、現実にやってみせているわけですよ。あれこそ、地方自治の極限です。それを実際にやってみせました。市長が、国会に議席を持たずに国会議員や政党を動かし、日本を動かしたら、どうなるか。それを実験してみせてくれたんですよね。

綾織　国政が混乱しているだけです。

大川隆法　ええ。混乱が大きくなるのです。

要するに、「地方が国政に強くなる」ということは、「国政が担《にな》うべきことを、地方が行い始める」ということです。その場合、当然ながら、地方が税金を以前より多く持っていきます。当たり前です。地方分権の推進は、「税金を、もっと地方によこせ」という運動です。その結果、当然、中央集権的な国家体制は弱くなり、バラバラの国家になってくるのです。

ところが、今の日本には国難が生じています。外交問題など、国として、まとまらなくてはいけない問題が起きているのです。

大阪の橋下《はしもと》市長以外に、沖縄《おきなわ》でも、仲井眞《なかいま》知事や市長が、沖縄独立風の運動を、どんどん展開しています。沖縄が、そういう運動をしていると、中国が、「いいよ。中国が沖縄を吸収してあげる」と言っているかのような動きを見せ、「沖縄は、もともと、歴史的には中国のものだった」と言って、もう、口一つで取りにかかってきています。しかし、この段階においても、沖縄は、まだ、独立運動のようなことをしているのです。

今は明らかに地方自治を進めるべきではありません。

この地方自治の流れ、地方分権推進の流れ自体には、「大企業反対」「大企業を潰して、中小企業を守れ」という考えと似ているところがあります。これは、よく言ってリベラリズム、悪く言えば、左翼《さよく》思想が現実化したものだと思います。

この流れの危険性は、大阪と沖縄の二つを見れば、もう、だいたい分かるではありませんか。

また、福島は、今、原発の事故処理等の問題を抱《かか》えていますが、「地方自治で頑張ってください」と言われたら、どうするのですか。この問題は、国が動いてくれないと、おそらく解決できない問題でしょう。

今、生じている現象自体は、日本が地方自治を推《お》し進めるような状態ではないことを意味しているのです。

幸福実現党は、あと何年かで大きな力を持つ

大川隆法　このような点から見て、既成《きせい》政党には、いろいろと問題が多く、「もう、この先、日本を背負える政党はない」と思い、その準備を考えて立ち上げたのが幸福実現党です。

マスコミも国民も、まだ、この思想についてきていないので、彼らには何も起きていないように見えていると思います。幸福実現党は、「議席を取れない」「政党にも公党にもなれない」と思われ、完全に見くびられているでしょう。

今の幸福実現党は、「『吉田松陰《よしだしょういん》を野山《のやま》の獄《ごく》に放り込《こ》んで、監禁《かんきん》さえしておけば、悪いことをしないだろう』と、藩からも幕府からも思われていた」というのと同

じぐらいのレベルでしょうか。「とにかく、幸福実現党を新聞やテレビに出さなければよい」と思われているわけです。

幸福実現党は〝野山の獄〟に放り込まれている状態です。「口でワイワイ言っているだけで、何も影響力がない。外に出さなければよいのだ」と思われ、〝獄〟に放り込まれているのだと思います。

しかし、幸福実現党は、十年もたたないうちに、あと何年かで大きな力を持つようになってくるでしょう。

そういう意味で、私は「革命だ」と思っています。

「選挙に勝つための安倍《あべ》内閣」に潜《ひそ》む争乱の種

綾織　実際、「民主党政権の崩壊が、思いのほか早く来た」ということもあります。

大川隆法　早かったですね。

綾織　ただ、安倍《あべ》政権は、確かに、幸福実現党の政策を取り入れていますが、何か、いっぱいいっぱいになっているというか、党内や支持団体などには反対する人もいて、結局は、党が混乱していったり、分裂《ぶんれつ》していったりするような兆《きざ》しが見えています。

大川隆法　あれは、どう見ても、選挙に勝つための内閣ですよ。

綾織　はい。

大川隆法　「勝てるだろう」という読みのもとにできているのであって、党内の意思が結集しているとは思えません。

綾織　そうですね。みんな、考え方が違いますので。

大川隆法　幹事長の石破《いしば》さんとも、実は、かなり難しいところがあり、ある意味で、政敵と組んでいるような状態です。

彼は、「本来、私が総理になるべきだ」と思っていると思うのですが、「民意はそうだった」と思っているところで安倍さんが総理になり、とりあえず、今は人気が出ているから、しかたなく、ただただ忍従《にんじゅう》して我慢《がまん》している状態でしょう？

また、若手では、小泉進次郎《こいずみしんじろう》などが派手に動き、パフォーマンスをするため、これを外しにかかっています。

例えば、先の都議選では、自民党が五十九議席を得て、満願で勝利しましたが、「安倍さんがかすむといけないから、小泉進次郎は都議選の応援《おうえん》には入らないように。横須賀《よこすか》市長選のほうにだけ行け」と言って追いやり、その結果、見事に横須賀市長選で負けました。それで、自民党のなかでは、スキッとしている人が大勢いるわけですよね。

そういう意味で、「同じ党であっても、あとが見えない」と言いますか、「争乱の種」はたくさん見当たるわけです。

「安倍《あべ》総理のあと」が要注意の憲法改正

大川隆法　今、安倍《あべ》さんが憲法改正に取り組んでいること自体は、よいことだと思います。ただ、自分がずっと総理をするのであれば、憲法改正もうまくいくとは思いますが、「ほかの人に替わったときに、これがどうなるのか」ということについては、保証がないですよね。やはり、党としての保証を入れてもらわないといけません。

「安倍さんから、二人三人、三人四人と、ほかの人に総理が替わったとしても、今後、この方向で実際に行います」という〝工程表〟を額縁《がくぶち》に入れて国民に見せ、「あと十年間、二十年間やりますよ」と約束してくれるなら、ある程度、信用はできますが、おそらく、人が替われば全然違うものになるでしょう。

小泉ジュニアのほうではない、お父さんのほうの小泉元総理のように、〝自民党をぶっ壊《こわ》す型〟で、「安倍政治をぶっ壊す」と言うような人が、次に出てくる可能性は、極《きわ》めて高いですからね。

そういう意味では、憲法改正ができるような体制だけをつくっても、ほかの人に、それを利用された場合、実は、すごいことが起きる可能性があるわけです。

したがって、「安倍さんが思っているのとは全然違う方向で、憲法改正が進んでいく」ということも、ないとは言えませんね。

綾織　安倍さんは、幸福実現党の政策を、かなり取り入れているわけですが、選挙が終わったら、切り離《はな》されてしまう可能性があるのではないかと思っています。なぜなら、自民党全体としては、幸福実現党の考え方とはかなり違った、どちらかと言うと、左翼的な人たちのほうが多いからです。

大川隆法　多いですね。だから、ある意味では、「実は民主党でも別に構わない」という人が、たくさんいるわけです。

綾織　はい。そうですね。

大川隆法　前回の安倍さんのあとに出てきた人は、福田《ふくだ》さんだったでしょうか。

綾織　はい。

大川隆法　彼なんかは、民主党にいても別におかしくない人でしょう。親中で、とにかく、中国の機嫌《きげん》はよくなりました。こうしたところは、民主党と一緒《いっしょ》でしたよね。あのような感じで、反対側の人が出てくると思います。

綾織　はい。

「信教の自由」に影響《えいきょう》を与《あた》えかねない自民・公明の連立政権

大川隆法　それで、もし、憲法改正ができるようになったあと、公明党が、創価《そうか》学会《がっかい》の国教化に対して、再度、燃え上がってきたりしたときには、どうするのでしょうか。「それを受け入れないと連立を解消する」などと言って脅《おど》されたら、どうするのでしょうかね。

立木　厳しいですね。

大川隆法　まあ、若干《じゃっかん》、心配の種がないわけではないですね。
少なくとも、「公明党が憲法改正権力になる」ということであれば、これは、現憲法における、「宗教による権力の行使」になりうるとは思います。ただ、おそらく、このへんのところまで、国民はまだ合意していないと思うのです。
もし、コバンザメ兵法で付いていき、多数派をつくることとのバーター、つまり、引き換《か》えで、創価学会に有利になるようなことがあれば、「信教の自由に大きな影響《えいきょう》を与《あた》えることはない」とは言えませんね。

「公明党＝宗教政党」と知らずに投票する国民の増加

立木　その公明党も、一種の宗教政党だとは思いますが、現在、これが政権のなかに入り、いろいろと活動しています。ただ、「本当に、それがそのまま、どんどん拡大していってもよいのか」という問題があると思うのです。

また、世界を見れば、今、中東のほうでは、エジプトやトルコでいろいろと争乱が起き、民主化してイスラム勢力が出てきたことで、ある意味、宗教による政治が行われました。ところが、非常に強圧的な政治を行ってしまったため、不満が出ているようです。

幸福実現党も宗教政党ではありますが、われわれとしては、「そうしたものとは思想的に全然違うものだ」と思っています。しかし、一般《いっぱん》的に見たら、同じ宗教のカテゴリーに入るため、創価学会、あるいは、エジプトやトルコのような事例があると、「同じような問題点を引き起こすのではないか」といった、漠然《ばくぜん》とした不安を持たれる方もいらっしゃるかと思うのです。

こうした人々に対して、きちんと説得する必要があるかとは思うのですが、この違いについて、分かりやすいかたちで、ご教示を頂ければと思います。

大川隆法　例えば、「公明党は創価学会を母体とし、ほとんど、その考えで動いている」ということを知らない国民が、実は、増えてきているんですよ。政治に進出して、もう五十年ほどになりますのでね。「そうしたことを知らず、単に右翼でも左翼でもない中間の人たち」を吸い寄せ、落とし込むかたちでフレンド票を集めているのです。

実は、「宗教政党だ」ということを十分理解せずに票を入れている人もかなり増えているわけですね。要するに、公明党には、「自民党の行きすぎを、少しは牽制《けんせい》できるのではないか。しかし、共産党や社民党のようなところまで行くのは行きすぎだ」と見たあたりの人々の票を、「中道《ちゅうどう》政党」と称《しょう》して取っているところがあるのです。

「親中派」の公明党と連立して本当に国防が成り立つのか

大川隆法　しかし、公明党には、宗教政党として、実は問題があります。

例えば、創価学会は、日蓮宗《にちれんしゅう》系ということになっているわけですが、もとは大石寺《たいせきじ》系であり、しかも、本山から破門された人たちの在家《ざいけ》団体です。在家の「講《こう》」ですから、その時点で、本当は「宗教としての正統性」はないのです。最後は、権力でもって宗教法人化させてしまいましたが、「実際上の教祖・教義・儀式《ぎしき》等があるか」と言えば、そういったものはなく、ずっと借り物で行《おこな》っていました。

さらに、日蓮の基本的な考え方から見たら、たとえ素人《しろうと》が日蓮の本を読んだとしても、「日蓮であれば、北朝鮮《きたちょうせん》や中国に、あんな侵略《しんりゃく》的な行動をされたら、『国難来たれり！　何とかして、これを撃退《げきたい》せねばならん！』と絶対に言うはずだ」ということが分かります。

しかし、公明党・創価学会は、それを全然言わないでいます。創価学会の三代目会長であり、今は名誉《めいよ》会長の池田大作《いけだだいさく》さんなどは、「公明党が日中国交回復の根回しをした。その立役者は、実は、創価学会である」ということを言っているのです。彼らにとっては、中国との窓口になって、友好のパイプをつくったつもりなのでしょうが、別の目から見れば、「中国のスパイ養成所になって、数多くの中国人を入れた」という歴史があるわけです。

彼らは、この中国との友好を自慢にしていて、実際に、数多くの勲章《くんしょう》を中国からもらっていると思います。

ですから、この党と自民党が連立して、それで、本当に国防が成り立つのでしょうか。さらには、安倍さんが思っているような、国防を成し遂《と》げるための憲法改正が、本当に成し遂げられるのでしょうか。極《きわ》めて疑問です。

本来の日蓮宗の考えに基《もと》づいてやってくれるのであれば結構ですが、ただ、日蓮の考えに近いのは、むしろ当会のほうです。「何とか国難を克服《こくふく》しなければいけない」と言っているのは当会であり、向こうは、中国とのパイプをつくったことを自慢にしているのです。

要するに、これを取ってしまったら、宗教としての正統性がなくなるのでしょう。「アジアの架《か》け橋になった」というようなところを、ずっと自慢にしてやっていたので、もし、「中国は侵略的な悪《あ》しき国だ」ということになったら、これが全部否定され、壊れてしまうんですね。

もともと、池田さん自身も、さまざまな独裁国家の「独裁者」たちが非常に好きで、いろいろなところに行っては握手《あくしゅ》をし、話をして回ってくるような、そういう〝金日成体質《きんにっせいたいしつ》〟みたいなものを持っている方ではあります。

だから、これは、自民党が連立を組む恒久《こうきゅう》パートナーとするには問題があるのです。

でも、公明党は、野党だったときに、自民党の亀井静香《かめいしずか》さん等からそうとう攻撃《こうげき》を受けましたよね。あのときに、そうとう野党の悲哀《ひあい》を味わったため、それで、与党のほうに潜《もぐ》り込んでいるのだと思います。連立与党に入ったらマスコミの攻撃も少なくなったし、政治家からも攻撃が少なくなったので、とにかく与党にくっついているのでしょう。今のところ、「身を守るほうに入っている」としか見えないですよね。

そういう意味で、本来の「政党として何をやりたいのか」ということが、もはやなくなっているのではないでしょうか。それが私の見方です。

新たな「宗教政党」を経験すべき日本

大川隆法　それから、宗教界全体が気をつけなければいけないことは、「左翼のほうに、だいぶ走った」ということです。民主党政権についたところがそうとうあり、仏教界も、かなりそちらについたと思います。

確かに、一見、左翼のなかにも、優《やさ》しいところや人権を守るようなところがあるので、惹《ひ》かれやすいのでしょうし、また、そうした宗教界の人たちのなかには、マクロ感覚があまりなく、個人救済的なところしか見えない人が多いために、そちらのほうへ行きやすいのでしょう。

あるいは、対創価学会で、民主党側に回った立正佼成会《りっしょうこうせいかい》以下の宗教もかなり多いのです。

ただ、私は、宗教的立場はあるものの、いちおう政治は政治として、ある程度、切り離して考えようとしてはいます。

したがって、自民・公明の連立でも、政策が合っている場合には反対しません。ただ、「政策的に狂《くる》ってきた」と見たら、意見を言います。そういうかたちになっていますね。

いずれにせよ、日本は、新しい体験として、違った宗教政党を経験なされたほうがよいのではないでしょうか。

すべてとは言いませんが、幸福の科学は、ある程度、日本の宗教のいろいろな側面を持っている宗教です。イザヤ・ベンダサン、山本七平《やまもとしちへい》が生きていたら、「ああ、日本教がとうとう現実化した」と言うかもしれない面を持っていると思うのです。

「永続性のある宗教」と「永続性のない政治」の関係性

綾織　意地悪なマスコミ的観点からは、「大川隆法による独裁ができるのではないか」という見方もあるのですが。

大川隆法　だけど、現実問題として、宗教は永続性のあるものですが、政治には永続性がないですよね。

特に、日本のように、一年で首相が交替《こうたい》するのは、宗教にとって非常に具合の悪いことです。宗教の場合、ほとんどが終身制ですが、「終身制だから具合が悪い」ということは、あまりないですよね。むしろ、それで安定しているのです。

例えば、ローマ法王もそうです。今回、八十五歳の方が、「高齢《こうれい》で仕事ができない」ということと、「スキャンダルも出た」ということで、六百年ぶりに退位しましたが、あれも、長年ずっと終身制でやっていました。

こうした考えは、ほとんど皇室と同じであり、「争いを起こさせないようにする」ということが目的でしょうね。

宗教の場合、実力主義をとると、争いが起き、教義を維持することが難しくなって、分派がたくさんできてきますのでね。実際、仏教も、歴史的に分派がたくさんできたのは事実です。

ただ、秦《しん》の始皇帝《しこうてい》が不老不死を願ったとしても、永遠に実現できなかったように、個人で、政治的に「永遠の支配」ができるような人は、今、いるはずがありません。

また、政権交代がこれだけ数多く起きているなかなので、宗教に「永遠の教義」というか、心の教えがあったとしても、政治に関しては、やはり、現実に即《そく》応《おう》した対応を取らなければいけないでしょう。

その意味で、宗教と政治の間に距離《きょり》が出てくるのはしかたがないのではないでしょうか。

3 「リーダーシップを取れる国」日本へ

「世界の大国」として日本は応分《おうぶん》の使命を果たせ

綾織　「宗教政党が政権に参加し、政治をする」という場合、一般《いっぱん》の国民から見ると、かたちの上では、公明党に近いような、自民党などと連立するようなイメージはできると思うんですけれども、「実際に、幸福実現党が政治の現場で仕事をしていくときに、どのようになるのか」ということが、今の時点では、なかなか、はっきりと見えないところもあると思います。

大川総裁は、「幸福実現党が、実際に活躍《かつやく》しているイメージ」として、どういうものをお持ちでしょうか。

大川隆法　やはり、「世界のなかで、リーダーシップを取れる国」というイメージです。今のままでは、まったく取れない状況《じょうきょう》ですね。

日本は、まだ敗戦国の痛手《いたで》を引きずったままで、「とにかく、他国からの批判を、できるだけ避《さ》けるかたちで、国家として生き延びる」という体制ですが、世界の大国になったあたりから、すでに、もう一段の責任を取らなければいけない時代に入っていると思います。

その意味で、「日本は使命を果たしていない」と思っている国は多いでしょうから、日本は日本なりの応分《おうぶん》の使命を果たすべきではないでしょうか。

「日本の過去」を責めても、自国の侵略《しんりゃく》は正当化できない

大川隆法　それから、侵略《しんりゃく》国家論について、日本を責める近隣《きんりん》の国もあることは

あります。しかし、そういう戦争の歴史は、世界史を見れば、もう世界中にあるので、「昔のことばかりを言って、現在ただいまの行動を全部、悪いものと見るのは、やはり問題がある」と思うんですね。

そのため、私は、昨日《きのう》の御生誕祭《ごせいたんさい》での講演（二〇一三年七月六日、演題「幸福への決断」）で、「『昔、何十年か前に、日本は侵略国家だった』と言い続けることによって、現在、自分の国が他国を侵略しようとする態度を、合理化することはできない。正当化することはできない」と述べました。

現在ただいまの行動については、世界の国が、今、まさしく見ているので、判定できますが、昔のことについては判定できません。ほとんどの生き証人が死んでおり、生きているのは年寄りしかいないような状況で、実際に、社会のなかで権力や発言力を持っていない人たちばかりになっていますのでね。

それで、昨日は、そういうことを間接的に申し上げたのです。

政治には、時代即応《そくおう》に変化しつつも「一本貫《つらぬ》く原理」が必要

大川隆法　国家というのは、指導者によって変化していくものです。「永遠のローマ」と言っても、千年ぐらいの歴史であり、しかも、東西に分裂《ぶんれつ》していっています。やはり、国家には、この世においてイノベーションをかけていかないと生き残れない部分が、どうしてもあります。宗教であれば、「古ければ古いほどよい」という場合もありますが、政治の原理のなかには、時代即応《そくおう》に変化しなければいけないものがあるのです。

例えば、イスラム教などを見ても、問題があるように思えるかもしれません。確かに、政治と宗教は一致《いっち》しているけれども、聖徳太子《しょうとくたいし》の十七条憲法の時代から変わっていない古い部分があるので、それが現代に合わず、今、「もっと意見を言わせろ」というような、いろいろな自由とぶつかってきているのだろうと思う

のです。これから、大きな波が出てくるでしょうけれども、ある意味での自由化と民主化は避《さ》けられないと思うんですね。

このように、政治は変化していくものではあるものの、一本貫《つらぬ》く原理のようなものはあったほうがよいのではないでしょうか。

ただし、毛沢東《もうたくとう》にしても、金日成《きんにっせい》にしても、宗教的な面を持った国家の建設者なのでしょうが、彼らは、神から認められた預言者でも、宗教家でもありません。現実の権力闘争《とうそう》において勝った者です。

こういう場合、歴史的には、権力闘争において、どんどん交代が起きていくものですし、今後も、ある程度、起きるかもしれません。

「次の世界のリーダー」の最右翼《うよく》は日本

大川隆法　まあ、「一本筋を通す」というイメージをあえて言うとしたら、どうでしょうか。現在、アメリカ的なものも、ヨーロッパ的なものも衰退《すいたい》してきておりますので、やはり、アジアのなかにおいて、欧米《おうべい》とは少し視点をずらして見ながら、世界をリードしていけたらよいですね。

白人優位の思想が、何百年か続いておりますが、これは、神の目から見ても、そろそろ、チェックポイントに来ていると思います。

アメリカでは、オバマ黒人大統領が出たりもしていますけれども、やはり、「これから、アジア・アフリカに対して光が当たり、発展する国が増えてきたとき、リーダーとして、どこが望ましいか」ということが、今、問いかけられていると思うんですよ。

それに対して、中国も韓国《かんこく》も、あるいは、インドも名乗りを上げているのかもしれませんが、やはり、私は、日本が最右翼《うよく》であり、いちばん有力な立場にいるように思うのです。

以前、アメリカは、「日本より十年進んでいる」と言われていましたが、「三年進んでいる」と言われるようになり、リーマン・ショック以降は、その「三年進んでいる」ということも、とうとう言われなくなりました。最近では、あちらのほうが、何だか日本のバブル崩壊《ほうかい》期をなぞっているようにも見えるし、国民皆《かい》保険というか、すでに日本がやった医療《いりょう》保険のようなことを、もう一回、これからやろうとしています。

「それをやったら、崩壊するのですけれども……」という感じはありますが、逆に、日本のあとを、アメリカが追い始めているようにも見えるので、見方を変えれば、日本は、先進国として、いろいろな考え方を伝授できると思うのです。

今の中国だって、「経済的に発展した」と言われつつ、現実には、バブル崩壊、経済失速の時期に入っているんですよね。実は、「これからの中国がどうなるか」ということを、日本はよく知っているのです。

しかし、彼らには分からない。「自分たちは違《ちが》う」と思っているのだろうけれども、こちらには分かるのです。

そういう意味で、日本は、必然的に浮《う》かび上がってくるとは思うのですが、そのときに、やはり、「リーダーとして意見を発信できる国」であることが大事であり、そのように「意見を発信できる国に変身していくこと」が大事なのではないかと思いますね。

私のイメージとしては、そんな感じです。

「信仰《しんこう》を持った国」は中国に侵略《しんりゃく》されにくい

綾織　安倍《あべ》さんは、「拉致《らち》問題を解決する」ということなど、日本人の人権については外に発信していますが、「中国や北朝鮮《きたちょうせん》の国民の人権はどうなのか」については、まったく発言していません。

大川隆法　そうそう。それについては、意識がありませんね。チベットで、若い僧侶《そうりょ》が火だるまになって焼身《しょうしん》自殺をしながら、「国を返せ！」と、中国に対する抗議《こうぎ》運動をしていることに対しては、まったく、かすらないのでしょう？

綾織　はい。

大川隆法　おそらく、そこまで見る目がないのだと思うので、「これをどう見るか」ということを、やはり、言わなければいけないですよね。

綾織　宗教政党であれば、「神の子、仏の子としての人権」について言うべきですが、公明党は、まったく言いませんので……。

大川隆法　まあ、自分たちの利益の部分については、しっかりしておられると思いますよ。道路を引いたり、アパートを建てたりということは、しっかり、やっておられると思いますけれどもね。

いやあ、これは、やはり、一つの文明実験として、やらなければならないところではないかと思いますね。要するに、キリスト教が、日本で一パーセントを超《こ》えて広がらない以上、日本の宗教が日本を導かなければいけません。

さらに、大きく言えば、世界は、「神仏《しんぶつ》を信じる国」と「そうでない国」とに分かれているわけですが、今、日本には、「どちらのほうに与《くみ》するのか」という中間帯のようなところで、けっこうフラフラしているところがあるんですよね。

だから、「科学技術の発展 即 脱《だつ》宗教」と考える人が、教育面から、増えてきているわけです。

実は、こういう考え方を持つと、中国あたりから吸収されやすい体質になり、〝食べておいしい日本〟というかたちになるわけですね。

ところが、「信仰《しんこう》を持った国家」になると、ウニの中身だけでなく、周りに出ている棘《とげ》ごと呑《の》み込《こ》むようなかたちになり、胃袋《いぶくろ》に穴が開《あ》くため、呑みにくくなるのです。

こういう、活発に情報発信するような国家を呑み込んでしまったら、〝エイリアン〟のように、なかから飛び出してきて、破られてしまいますので困るでしょう。

つまり、私は、ある意味で、日本を侵略《しんりゃく》しにくくしようとしているわけです。思想的に、哲学《てつがく》的に、あるいは、理論的に考え方が違えば呑み込みにくいものですので、「実は、呑み込めないようにしようとしている」というところはありますね。

シリア・エジプト問題に見るオバマ大統領の指導力とは

立木　先ほど、「日本は、そろそろ、国際社会のなかで、リーダーシップを発揮していかないといけないのだ」と教えていただきましたが、その場合、現時点でのリーダー国家であるアメリカとの兼《か》ね合いが出てくるかと思います。

いちおう、「日米同盟をしっかり強化し、堅持《けんじ》していく」ということが大前提ではありますが、今、幸福実現党としましては、「日本の誇《ほこ》りを取り戻《もど》す」ということで、第二次大戦に対する歴史観などを見直そうとしています。これにはアメリカの歴史観とも衝突《しょうとつ》する部分があると思うのです。

中国・韓国・北朝鮮等に対しては、積極的に、どんどん論破していくことが必要でしょうが、アメリカは同盟国ですから、あまり対立しすぎて、同盟関係自体がおかしくなってもいけません。

日本が、本当にしっかりとしたリーダー国家となっていくためには、この部分について、いかに進めていけばよろしいでしょうか。

大川隆法　昨日《きのう》の御生誕祭の法話《ほうわ》でも、シリアの問題を少し取り上げましたが、「内戦で十万人も人が死んでいるのに介入《かいにゅう》しなかった」というのは、アメリカの大統領としては失格です。歴代大統領から見たら、あまりにも指導力が低すぎます。

実際に軍事行動を起こすかどうかは別にしても、やはり、意見として、言うべきことを言わなければならなかったと思うのです。

要するに、国内問題に目がいきすぎて、世界のリーダーから、ずり落ちてきていますよね。

一方、私のほうは、シリアの問題についての判定として、「すでに十万人も死者を出しているアサド政権は退陣《たいじん》し、次の政体に移行すべきだ」というようなことを言いましたが、これは、ある意味で、アメリカの指導力の不足に対しての批判です。

また、エジプトに関しては、軍が力を持っているものの、毎年、アメリカから千三百億円も援助《えんじょ》を受けていますので、かなり圧力を受けやすい体質になっています。しかし、これは、完全に軍政に戻してはならないし、かつてのミャンマーのような軍部主導型の政体にしてもならないのです。大統領が代わらなければいけないかもしれないけれども、できるだけ、民主主義的手続きを確立していく方向で導いていかなければいけません。

オバマさんは、これについては、今のところ判断を誤っていないと思います。彼は、軍部に実権を握《にぎ》らせないように、傀儡《かいらい》政権を立てさせないように、圧力はかけていくでしょう。今のところ、エジプトとの関係が深いので、おそらく、そういう考えをとるとは思います。

「悪は許さない」という欧米《おうべい》型の考えとずれている安倍《あべ》首相

大川隆法　ただ、本当は、日本からも、安倍《あべ》さんなどにそういう意見をもう少し言ってほしかったのですが、おそらく、認識力が足りないのでしょう。

まあ、安倍さんは、〝商売に励《はげ》むところ〟は頑張《がんば》っておられますが、そこまでしか行《い》っていないし、年初に、アルジェリアで人質《ひとじち》事件があったとき、彼は、東南アジア歴訪中でした。

そういう意味で、シチュエーション的には悪かったかもしれませんけれども、タイでの発言では、「とにかく人命優先でやってください」と言っていました。

実際に、特殊《とくしゅ》部隊が突入しているようなときに、「とにかく人が死なないようにやってください」と言われても無理です。これは、欧米《おうべい》型の考えと完全に外れていることを意味していましたね。

欧米では、この、「悪は許さない」という考え方が、非常にはっきりしています。「悪に対しては許さない」という歯止めをなくしたら、やはり、単なる生存にしかすぎなくなるのです。

これに関しては、仏教でも、「善を推《お》し進め、悪を押《お》しとどめる」というのが基本的な生き方になっていますし、キリスト教国でも、基本的な考え方は同じだと思います。「悪の部分は抑《おさ》え、善を推し進める」という考えなのです。

要するに、「それを悪と判断するかどうか」ということですね。

つまり、「各国から、わざわざアルジェリアの発展のためにやって来て、ガスプラントをつくってくださっている人たちを人質にし、殺してでも、自分たちの言い分を通す」ということが、善か悪か。この判断をするのが、やはり政治家としての仕事だと思うのです。

今、日本に必要なのは「善悪の基準」

大川隆法　日本のように、自衛隊も派遣《はけん》できないような国においては、昔の福田《ふくだ》父総理（福田赳夫《たけお》元総理）のときのように「人命は地球より重い」などと言いがちです。

しかし、日本が、逃走《とうそう》資金まで用意し、「犯人を全員逃《に》がしてやるから、人質の命だけは助けてくれ」というような交渉《こうしょう》をしていたら、諸外国は示しがつかなくてたまらないでしょうね。

そんなことをしたら、何度でもやられてしまいます。彼らは、繰《く》り返し人質に取られて襲撃《しゅうげき》されるようなことを経験していますのでね。このへんで、日本は、まだ世界標準まで届いていないのではないでしょうか。

これは戦争でもそうです。戦争の途中《とちゅう》では、内地にあって、あまり指示を出してはいけないところがありますけれども、それと同じく、現場の状況が分からないときに、あまり余計なことを言いすぎたら問題です。

そういうことで、多少、批判的なことも言わせていただきました。身代金《みのしろきん》も結構ですが、あまり出しすぎると、〝強盗《ごうとう》〟が流行《はや》るので、これについては、アメリカなどでも、「絶対、許さない」という方針です。

このへんのところの対応は、日本の今の国体のままでは、やや難しいかもしれません。

安倍政権をもってしても、ずいぶん弱腰《よわごし》に見えるところはあるし、北朝鮮の拉致問題も、「いったい、いつまで言っているのか」という感じはあります。

こんなテロ国家は交渉の相手ではありませんよ。テログループとの交渉と同じです。日本には、非常に軟弱《なんじゃく》なところがあって、「この考えは許せない」という、善悪の基準がないのです。

やはり、北朝鮮に対しては、「国家として存続したいのなら、ちゃんと当たり前の態度を取れ」と言うことが大事だと思いますね。

4 「社会保障」に騙《だま》されるな

「年金制度」で二度も国民を騙《だま》そうとする日本政府

綾織　善悪の判断の部分で、世界にそうした価値観を発信していかなければなりませんが、一方、国内的な面では、社会保障の問題があります。

この点について、幸福実現党の善悪の判断は、かなりはっきりしていると思います。

大川隆法　うんうん。

綾織　幸福実現党を立ち上げたときに、大川総裁は、「今の年金制度には、非常に問題がある」とおっしゃられ、賦課《ふか》方式については、基本的にやめる方向を示されました。

当時、二、三度、同じような質問をさせていただいたのですが、先生のお答えはまったく同じだったのです。

大川隆法　これは、騙《だま》されています。

綾織　はい。

大川隆法　国民は全員騙されています。マスコミも、実は、国民を騙すのに参加しているか、騙されているか、どちらかである可能性が高いんですね。

すなわち、年金制度をつくり、国民から年金の保険料を取ったときに、すでに政府による騙しがあるのです。つまり、政府の考えでは、これは「税金」なんですよ。入っただけ使ったのですから、明らかにそうです。

年金について、国民のほうは、「老後にもらえるものだ」と思って払《はら》っていたのですが、政府のほうは、年金を税金代わりに使っていたわけです。これが一回目の騙しです。

そして、今、二回目の騙しに入ろうとしています。「年金制度が崩壊《ほうかい》したら老後が大変でしょう。だから、増税をかけて、老後が安心できる社会をつくります」と言って、二回目の騙しをやろうとしているので、私は警告しているのです。

今、消費税を五パーセントから八パーセントにするとか、十パーセントにするとか言っていますが、絶対にこれで埋《う》まるはずがありません。社会保障との一体化をするなら、最終的には、二十五パーセント、五十パーセント、あるいは、もっと上げなければいけませんが、そうすると、国民が七十パーセントから七十五パーセントの税金、ないしは、それに近い負担をしなければ生活できないような、「スウェーデン型の国家」をつくることになるのです。

もし、七十パーセントとか、そういうレベルに行くとしたら、それは、「自分の自由に使えるのは三割で、あとの七割は、ほかの人の好きなようにされる」という社会ですよ。

まあ、こういう社会が幸福かどうか、という観点ですね。

「年金はもらえないものだ」と思って自己防衛を

大川隆法　このように、騙しが絶対にあるのですが、私が言っているのは、「もう一回、騙すのはよくない」ということです。

一度、騙されたのは、もうしかたがありません。政府に騙されてお金を使いまくられたのは、われわれも含《ふく》めて国民が愚《おろ》かだったので、しかたがないですが、二回も騙すというのは、ひどい話です。

したがって、少しでももらえたらありがたいとは思いますが、基本的に、「年金はもらえないものだ」と思って、自己防衛の考え方を組み立てておいたほうがよいでしょう。そうしないと、よけいに騙されます。

要するに、振《ふ》り込《こ》め詐欺《さぎ》と同じようなことを国家がやっているのです。政府は、「増税さえすれば、みなさんの老後は安泰《あんたい》ですよ」と言っているけれども、どう計算しても安泰ではありません。

より多く稼《かせ》いだ人から、どんどんむしり取っていくのは、マルクス主義の共産主義社会が実現化する方向であり、これは「地獄《じごく》への道」を進んでいるのです。

税金というのは強制力だし、国民の自由を奪《うば》う行為《こうい》です。やはり、私財というか、自分の自由にできる財産がなかったら、職業選択《せんたく》の自由も、居住移転の自由も、結婚《けっこん》の自由も、海外渡航《とこう》の自由も、何もないですよ。財産のところを全部押《お》さえられたら終わりなのです。

ここは非常に大事なところであり、やはり、限度というものがあります。「その限度が、いったいどのあたりにあるか」ということを考えなければいけませんが、やはり、マックス（最大）で考えても、半分を超《こ》えたら行きすぎだと思いますね。

綾織　今、アメリカもヨーロッパも、社会保障で、財政が立ち行かなくなっていて、国力も落ちています。

大川隆法　そうそう、そのとおりです。

綾織　この部分については、ある種、マルクスとは逆の革命が、世界的に求められていると思います。

「セルフ・ヘルプ型の社会」にしないと国が没落《ぼつらく》する

大川隆法　政府のほうは、「毎年、一兆円ずつ社会保障費が増えていくので、これに対応するためには、増税以外にない」という考えでしょう。

ただ、「社会保障費が要《い》る」と言うけれども、もちろん、使い方の問題はそうとうあって、今、生活保護を受けている人が二百万人を超えていますが、彼らが病院の食い物にされていることを、病院側も証言しているようなところがあります。

要するに、「生活保護をもらうために働かない」ということもあるわけですし、社会保障と称《しょう》して、病院関係の放漫《ほうまん》経営が許される状態もけっこう続いているんですよね。

例えば、当会が、老人ホームをつくろうと思っても、なかなかつくれません。なぜかと言うと、老人を百人収容する場合、お世話をする人が七十人ぐらい要る計算になるからです。さらに、少なくとも、医療《いりょう》関係の準備、ないしは、緊密《きんみつ》な提携《ていけい》までつくり上げなければできないようになっています。

「百人の世話をするのに七十人が要る」という社会は、極《きわ》めて反資本主義的社会だと思いますね。ここは、考え方に何か間違《まちが》いがあるのではないかと思います。

それと、もう一つ、憲法改正案などで、自民党は、「家族の価値観を大事にしよう」などと言っています。これは、当然のことではあるのですが、戦前は、社会保障など何もなくても、年を取って飢《う》え死にする人など、いやしなかったわけです。

きちんとバックアップしようとすれば、身内や親族でできますし、そういう人がいなければ、人間は、「自分でバックアップ体制をつくろう」ということで、老後についての設計をし始めます。

しかし、「全部、国や地方公共団体がやってくれる」と思えば、何もしないで、「キリギリス体制」で老後を迎《むか》えるようになります。

やはり、セルフ・ヘルプ型の社会にしないと、活力が衰《おとろ》えて、国が没落《ぼつらく》していきますね。これは歴史が証明しているのです。この部分は、宗教が言うには、若《じゃっ》干《かん》、厳しいかもしれませんが、少なくとも、「あまり騙されないほうがいいですよ」というのは、宗教が言ってもいい、親切な言葉だと思うんですよ。

今の流れでは、増税は確実に来るでしょう。しかし、それが自分のほうの生活の保障になるかどうかは分かりません。

増税したら、病院に通わせてくれたり、ベッドを確保してくれたりするようになるのかもしれませんが、医療費が増大して、もっと税金が要るようになり、結局、「長生きはしたものの、お金は食うし、家族からも嫌《いや》がられる」ということになりかねません。老後に、病院での生活が十年も二十年も続くような社会が、本当に幸福な社会なのかどうかを考えなければいけませんね。

老人票を目当てに「社会保障」を公約に謳《うた》う他の政党

綾織　しかし、今、幸福実現党以外の政党は、すべて、「社会保障のために増税します」ということを公約で謳《うた》っています。これは、異常な状態です。

大川隆法　要するに、それを言えば、「選挙では負けない」というか、「票が取れる」と思っているのでしょう。老人の投票率は八十パーセントを超えているので、「『あなたがたにお金をあげます』と言えば票が取れる」という考えなのだろうと思います。

しかし、これは、心の準備の問題です。年金の保険料として取られたものは、もう返ってこないと思いますが、これからも、振り込め詐欺のように、「年金詐欺」でお金を取られ続けるのは愚かです。やはり、なるべく自分で老後の設計に取りかかったほうがいいし、あとは、親族たちとの関係を、セルフ・ヘルプで構築していったほうがいい。

戦前は、それで死んでいないんです。もし、民法の制度が悪ければ、それを変えればよいことです。民法の制度を変えて、誰《だれ》かが世話をする体制に変えても構わないし、長子相続制でも構いません。

同性婚《どうせいこん》運動には、「老後の保険」という目的もある

大川隆法　少し話題はずれますが、今年、フランスが、先進国で同性婚《どうせいこん》を認めた十四番目の国になりましたし、アメリカでも、最高裁の判決で、「同性婚を禁止

する法律は違憲《いけん》である」という判断が出ています。同性婚を認める州はすでに出ていましたが、国ごと認める可能性が高くなりました。

同性同士が一緒《いっしょ》に住んでも、民法的には、財産の共同管理や共同行為ができるようになっているのですが、結婚という制度まで踏《ふ》み込まないと、要するに、養子が取れないことになっているのです。そのため、同性婚を法制度で認めさせようとする運動をしているわけなんですね。

結婚が認められれば、そのペアは、財産の共同管理だけでなく、養子をもらうことができます。「養子をもらえる」ということは、どういうことか。つまり、同性で結婚する場合、両方とも働ける態勢なので、財産ができるわけです。そして、片方が先に死んだら、もう片方が財産を引き継《つ》ぐことはできますが、その人が死んだあとは、引き継ぐ人がいません。だから、その間に、恵《めぐ》まれない国から来ている子供たちを養子にもらったりしているのです。

例えば、アメリカだと、ジャマイカあたりの、子だくさんで貧乏《びんぼう》なところから養子をもらい、学資を出して学校を出してやると、その「子供を育てる」ということが老後の保険になるわけですね。

そのように、実は、同性婚の考え方のなかには、「同性であっても、結婚して養子をもらうことで、老後の保険にしよう」とする運動が一部入っているんですよ。

ともかく、そういう意味では、自分の子供ではなくても、法律上の子供をもらえば、結婚していなくても老後に世話をしてくれる人ができるわけです。

学資を出してあげ、きちんと就職させてあげれば、そのくらいのお返しをする人など、例えば、アジアあたりであれば、いくらでもいます。年収が日本の百分の一しかないというような国はたくさんありますからね。

そういう人たちに教育を受けさせて、職業に就《つ》けてあげれば、そういう可能性

郵便はがき

料金受取人払郵便

赤坂局
承認

6467

差出有効期間
平成28年5月
5日まで
(切手不要)

1 0 7 - 8 7 9 0

112

東京都港区赤坂2丁目10－14
幸福の科学出版（株）
愛読者アンケート係 行

フリガナ お名前	男・女	歳
ご住所　〒　　都道府県		
お電話（　　　　）　　－		
e-mail アドレス		
ご職業	①会社員 ②会社役員 ③経営者 ④公務員 ⑤教員・研究者 ⑥自営業 ⑦主婦 ⑧学生 ⑨パート・アルバイト ⑩他（　　　）	

ご記入いただきました個人情報については、同意なく他の目的で使用することはございません。ご協力ありがとうございました。

愛読者プレゼント☆アンケート

『政治革命家・大川隆法』のご購読ありがとうございました。今後の参考とさせていただきますので、下記の質問にお答えください。抽選で幸福の科学出版の書籍・雑誌をプレゼント致します。(発表は発送をもってかえさせていただきます)

1 本書をお読みになったご感想
(なお、ご感想を匿名にて広告等に掲載させていただくことがございます)

2 本書をお求めの理由は何ですか。

①書名にひかれて　②表紙デザインが気に入った　③内容に興味を持った

3 本書をどのようにお知りになりましたか。

①新聞広告を見て [新聞名：　]
②書店で見て　③人に勧められて　④月刊「ザ・リバティ」
⑤月刊「アー・ユー・ハッピー?」　⑥幸福の科学の小冊子
⑦ラジオ番組「天使のモーニングコール」　⑧幸福の科学出版のホームページ
⑨その他 (　)

4 本書をどちらで購入されましたか。

①書店　②インターネット (サイト名　)
③その他 (　)

5 今後、弊社発行のメールマガジンをお送りしてもよろしいですか。

はい (e-mailアドレス　)・いいえ

6 今後、読者モニターとして、お電話等でご意見をお伺いしてもよろしいですか。(謝礼として、図書カード等をお送り致します)

はい ・ いいえ

弊社より新刊情報、DMを送らせていただきます。新刊情報、DMを希望されない方は右記にチェックをお願いします。　□DMを希望しないがありますよね。だから、別の手段も選んでいくことで、社会保障費の無限の増大を止めなければいけないと思います。

「生涯現役思想《しょうがいげんえき》」で、家族と過ごせる老後の設計を

大川隆法　それと同時に、もう一つ、私は、「生涯現役思想《しょうがいげんえき》」を出しています。実際は働けるのに、定年が来て働かないでいると、本当に一年もしたら弱ってしまうんですよ。あっという間に弱ってしまって、次は病院行きです。病院に行ったら、ベッドに寝かされて点滴《てんてき》を打たれます。そうすると、「筋肉が落ちて立ち上がれなくなり、車椅子《くるまいす》や介添《かいぞ》えが必要になって、さらにお金がかかる」という悪循環《あくじゅんかん》になります。

そのように、病院にもプラス面とマイナス面の両方があるんですよ。だから、あまり長くいるべきところではないと思います。もちろん、緊急の場合は、病院

で治療したりしてもいいけれども、長く生活の場にすべきではありません。今は、病院が老人ホーム代わりになっていて、これで、だいぶお金を食っているのですが、やはり、基本的に、老後は家で過ごせるように設計していくほうがいいと思うのです。

治療できるものは治療してもいいけれども、もう治療が不可能であれば、家族と最期《さいご》を共にできる体制をつくっていったほうがいいと思います。

一見、冷たいように見えるかもしれませんが、それが、本来の姿なんですよ。

「男女雇用《こよう》機会均等法」が少子化を招いた

綾織　ある試算では、年金をなくした場合、出生率が、四・〇まで戻《もど》るらしいです。

大川隆法　（笑）戻るでしょうね。やはり、子供を産むでしょうし、「結婚していなくても、子供だけは欲《ほ》しい」という人が絶対に出てくるでしょうね。

綾織　はい。そのように、「家族をつくり、そのなかでやっていこう」というかたちになると思います。

大川隆法　少子高齢《こうれい》化で、ますます状況《じょうきょう》が悪くなっているのでしょうが、その原因の一つは、一九八〇年代に男女雇用《こよう》機会均等法ができて、女性の共同参画、社会進出が進んだことです。

政府の趣旨《しゅし》は、「女性からも税金を取りたい」ということだったのですが、その結果、女性が働くようになったら、子供の面倒《めんどう》を見られないから子供を産まなくなっていき、結局、そのために別の税金が発生するようになってしまったわけです。「税金を取ろうと思ってやったことにより、かえって税金が要るようになってきた」という感じになっているんですね。

いろいろなやり方はあると思いますが、やはり、少し自助の精神に戻して考え直し、老後に備えたほうがいいと思います。

5　国力を倍増させる「国家経営」の考え方

国債《こくさい》は「国の借金」ではなく、国に対する「国民の出資金」

大川隆法　それと、話は少し変わりますが、「国の借金」という考え方がありま す。

マスコミもみな、「国の借金はこんなにあります。税収の倍もお金を使ってい ます。もう借金だらけで、利子も払《はら》えません。経済成長をさせると、利子の部分 が上がります」と言って脅《おど》していますが、その考え方は変えたほうがいいと思い ます。そもそも、「国債《こくさい》は国の借金」という言い方が間違《まちが》いだと思うんですよ。

国民は、お金を持っていて、投資先を求めています。株などをやると損をすることがあるので、いちばん安全な投資先として国債を選んでいるのです。国が潰《つぶ》れるのは最後でしょうから、これは、「国民が国に投資をする」ということです。

つまり、国は、国民からお金を預かって、基本金をつくっているわけですよ。これは、実は借金ではなく、国民に出資してもらって、国家としての事業をするための基本金ができているのです。

綾織　はい。

大川隆法　国民に出資してもらっているわけですから、国家として、もっと国が発展し、経済成長するような施策《しさく》を取り、国の経済を大きく成長させていけば、十分、その出資が報《むく》いられるようになります。出資した分が返ってくることになるわけなので、そのように考えなければいけません。

株式会社でも、株を買うことで出資してもらっているわけなので、これは借金ですよ。しかし、例えば、資本金五億円の株式会社が、「ああ、五億円も借金がある。返さなければいけない」と言ったら、その株式会社はなくなります。

綾織　ええ。

大川隆法　資本金を返したら、株式会社は倒産《とうさん》です。そうではなく、五億円を出資してもらったら、その出資に対してきちんとリターンができるように事業活動をし、利益を出していくことが大事です。

ドラッカーが、「非営利事業であっても、利益に当たる部分は必要だ。それは事業の維持《いじ》コストなんだ」と言っていますが、政府も同じなんですよ。

したがって、「政府は儲《もう》けてはいけない」とか、「政府は赤字事業を続けなければいけない」とか、「政府は収入を一年で使い切らなければいけない」とか、こういう考えはやめるべきです。やはり、非営利事業ではあるけれども、国家を維持していくためには、成長が必要なんです。

綾織　はい。

国民から預かった一千兆円で、もっと日本を成長させよ

大川隆法　国家の成長のために必要なのは、企業《きぎょう》で言う利益の部分です。「原価を引いたら、何も残らない」というのでは、国を維持できませんが、日本では、この状態が、実は、二十年間続いているんですよ。この考え方を改めるべきだと思います。

「国民が買ってくださっている国債は、国の借金だから返さなくてはいけない」

というのは、非常に幼稚《ようち》な考えです。国民は、まだ国を信用して出資してくれているんですよ。だから、「いかに国の経済を大きくするか」ということに対してお金を使い、そのお金を回していくことを考えなければいけません。これが国家経営なんですよ。

綾織　そうですね。

大川隆法　日本は、二十年間、経済成長がほとんど止まっている状態です。片や、中国は、もう八倍から十倍ぐらいになっていますが、日本の経済成長が止まっているのは、運営の仕方が下手だからです。経済を成長させ、利益に当たる部分も出したらいいのです。

「国家として、利益に当たる部分も出し、それを借金の返済に充《あ》てていく」というのが、基本的な考えですね。

綾織　はい。

大川隆法　「国債が一千兆円もあるから大変です」などと、マスコミはすぐ言うけれども、それは、「それだけの資本金を預かっている」ということです。その一千兆円を使って、もっともっと国を成長させてください。二十年間、成長を止めるようなことをしなければ、実際は、もっと大きくなっていて、少なくとも、国力は今の何倍にもなっていると思うんですよ。

そうしたら、税収も絶対、それに比例して増えるので、借金は返せるはずです。

綾織　はい、はい。

大川隆法　だから、このへんは、考え方を変えたほうがいいと思いますね。

銀行は「担保中心の考え方」を根本的に見直すべき

立木　今、「国債など、『国の借金』と言われるものは、一種の出資金なので、国家は、それをもとに活動し、利益をあげていくべきだ」という教えを頂きました。

もう一つの側面として、銀行が、国民から預金を受け入れて、どこに投融資《とうゆうし》しようかと考えたときに、貸出先、出資先があまりないので、やむなく国債に資金を大量に投入しているという面もあろうかと思うのです。

そういう意味で、民間経済をもっと活性化して、投融資しやすくすることが必要かと思うのですが、そのためには、何をすればよいのでしょうか。

大川隆法　やはり、明治以降につくった銀行制度の見直しは必要でしょうね。銀行が信用に基《もと》づいてできているのは事実ですが、一九八〇年代まであった土地担保制度が、その後、崩《くず》れてしまいました。

地価が下がるというのは想定外だったのです。「日本は国土が狭《せま》いから、土地だけはなくならない」ということで、銀行は、とにかく、要《い》りもしない土地でも買わせていました。「土地は値上がりするからいい」ということだったわけです。

今、銀行は、土地担保制度が崩れて弱気になってしまっているけれども、これは根本的に考え方の見直しをしなければなりません。明治以降、ずっと、経済は天文学的に大きくなってきているわけですが、実際は、担保があったために、そんなに大きくなったわけではないので、この考え方を変えなければいけないのです。

やはり、担保を要求するようになると、どうしても国や地方公共団体のほうにお金が行くようになっていきます。

銀行業務の効率化のために、さらなる「規制緩和《かんわ》」を

大川隆法　共産党や社民党、あるいは生活の党などもそうですが、彼らは、「安《あ》倍《べ》さんの政治は、大企業の利益ばかりを守っている。『強い企業だけが生き残り、能力や競争力がある企業は大きくなるが、中小企業、弱小企業は潰れてもいい』というような政治だ」という言い方をしています。

ただ、銀行としては、貸出先が大企業であれば、かなり大口で資金を貸し出せますが、小さい企業を相手にすると業務効率が悪くなってしまいます。いちいち調べて、融資をするかどうかの判断をし、さらに取り立てをやらなければいけないので、小口になるとすごく難しくなるんですね。もし、このへんが全体としてうまくいっていないのであれば、規制緩和《かんわ》の必要な部分がまだ残っていると思う

のです。

もう、ずいぶん昔になりますけれども、私が商社に勤めていたころ、私は銀行を担当していて、いろいろな銀行の担当者と会っていましたが、当時の大蔵省は、銀行に置いてあるマッチの大きさや形まで、指示をしていました。

また、「お客様には、お茶は出してもよいが、コーヒーを出してはいけない」とされていました。なぜかというと、ほかの銀行と競争が起きるからです。

「ある銀行がコーヒーを出せば、よそもコーヒーを出すとか、お菓子《かし》を付けるとかいうことが始まるので、過当競争を防ぐために、そういうことはしてはいけない。粗茶《そちゃ》や水なら構わない」というわけです。

しかし、こういうことは資本主義原理に完全に反しています。お客を見て、「これは大口のお客で、銀行に利益をもたらしてくれる客だ」と思えば、コーヒーを出そうが、接待をしようが、自由にやったらいいのです。

そして、儲けにならない客に対しては、お茶か水だけで帰したらいいわけです。そんなのは自由ですよ。まるで小学生扱《あつか》いだったので、ちょっと驚《おどろ》きでした。

「規制庁」が増えると民間活力が奪《うば》われる

大川隆法　また、大蔵省で問題が起きたら、大蔵省は財務省になり、金融機関を監督《かんとく》するだけが仕事の金融監督庁（現・金融庁）ができました。

そのように、何か社会的事件が起きてマスコミに怒《おこ》られると、原子力規制庁とか、消費者庁とか、とにかく規制をかけるものをつくって終わりにします。

マスコミも、事件が起きたら政府や権力側を追及《ついきゅう》し、攻撃《こうげき》することで、国民の利益になっているつもりでいますが、規制庁のようなものができて、それで終わりになると、結局、役人が増え、ポストが増えて、税金をよけいに使うようになり、必ず民間の行動の活力が奪《うば》われていくようになるわけですよね。

マスコミだって、はっきり言えば、「マスコミ規制庁」をつくられたらどうなるかです。今、原子力規制庁がつくられていますが、規制庁をつくると、基本的に規制ばかりするので、動きようがなくなります。「マスコミ規制庁」をつくって、「とにかく、記事を全部点検し、マスコミに規制をかける」ということになったら……。

綾織　規制庁は、そこだけを見てしまいますよね。

大川隆法　でも、規制をするのが仕事だったら、映倫《えいりん》のようになってくるのはしかたがないでしょう。それと同じですよ。

やはり、基本的には自由にして、国民を信頼《しんらい》しなくてはいけないところはあると思いますね。

今、中国の銀行が潰れかかっていますが、これは、金余りの部分で、正当な銀行業務ではない、怪《あや》しげな金融が行われたことにより、バブル崩壊《ほうかい》が起きようとしているのです。

立木　シャドーバンキングですね。

大川隆法　ただ、銀行業務についても、マイナス面だけを見てはいけないのであって、本来、資本主義市場原理の出発点は、戦後の焼け跡《あと》の闇市《やみいち》みたいなところから始まっているわけです。

アングラマネーやアングラ商品がたくさん溢《あふ》れたあたりから、実は立ち上がってくるものなんですよ。

ソ連が崩壊したあとのロシアも、ひどいものでしたが、アングラマネーが動き、正当なルートでの商品の売買ができないような状態から立ち上がってきました。

もともとは、そういうものであり、それが、だんだんスマートなものに変わっていくのです。

したがって、行きすぎた場合は、いったん壊《こわ》さなければいけないと思いますね。

6　天変地異に「天意」を読み解く

東京電力こそ東日本大震災《だいしんさい》における「最大の被害者《ひがいしゃ》」

大川隆法　それと、国民としても、「親方日の丸」という意識は少し変えなければいけないですね。

原子力に関しては、今、東京電力を一生懸命《いっしょうけんめい》に攻撃《こうげき》していますが、東電も被害《ひがい》者《しゃ》ですよ。そう言ったのは、石原慎太郎《いしはらしんたろう》さんだったかもしれませんが、はっきり言って、いちばんダメージを受けた最大の被害者は、東電なのです。

マグニチュード9・0の地震《じしん》であれば、原子力発電だろうが、火力発電だろうが、水力発電だろうが、太陽光発電だろうが、ただでは済みません。太陽光発電だって、パネルを数ヘクタールの土地に設置していますが、マグニチュード9・0の地震が来たら、全滅《ぜんめつ》でしょう。天然ガスだって、先の大震災では、タンクが爆発《ばくはつ》し、燃え上がったところもありますよ。

どこに地震が来ようと、こういう被害は出るものです。災害として、六百年に一回ぐらいは起きるのかもしれませんが、やはり、それを受け止めて、立ち上がるしかありません。これを「常態」と思って、それに合わせた制度をつくるようなことはあまりしないほうがよろしいのです。

そういうものが来たときには、「災難が降りかかった」と思って、それを改善すべく戦うべきです。「次の地震が来たら、どうする?」と怯《おび》えて、何もできなくなるような萎縮《いしゅく》した考え方は、基本的にやめるべきです。

活断層とは、顔にできる「しわ」のようなもの

大川隆法　今、左翼《さよく》の運動では、「活断層」を取り上げています。

まあ、私も、御生誕祭《ごせいたんさい》のたびに年を取っていくので困るのですが、年を取れば、顔にしわが寄りますよね？　活断層を調べているのは、はっきり言えば、顔のしわを数えているようなものなんですよ。

地層にできたしわが、活断層です。そして、学者が来て、「ここに、しわができている。このしわは生きているので、放っておくと、今年より来年、来年より再来年と、もっと深くなる」と言っているわけですが、「さらに新しいしわが、どこにできるか」は分かりません。

「今あるしわは、年を取ったら、もっと深くなる」ということは言えます。しかし、「新しいしわがどこにできるか」ということは分からないのです。まあ、

化粧品《けしょうひん》、顔面運動、食べ物などの努力によって、まだ変化を起こす余地はあるわけですね。

活断層にも、それと同じようなところがあって、学者は、今あるしわを調べて、「活断層だ」と言っているわけですが、年を取ればしわが増えるように、活動層も、日本国中に、あと何億でもできるんですよ。地震が起きれば、そこにまた新しい断層ができるわけです。

活断層を調べて、「また次の地震が起きるかもしれない。断層として動くかもしれない」と言っているのは、顔のしわを数えているようなものなので、いいかげん、学者を黙《だま》らせたほうがよいと思います。「もう、仕事をしなくてよい。研究室に帰ってください」と言わなければいけないのです。

「地震を当てられるのであれば、調査や研究に値打ちはあるが、当てられないならば、黙っていなさい」ということです。例えば、「二十万年後に起きる地震のために、今から、それに対応できるレベルにする」などということは、できるわけがないのです。

火事が怖《こわ》ければ、火を使わないのがいちばんなので、火のない時代に戻《もど》ればよいでしょう。同様に、発電所がいろいろな事故を起こすのが怖ければ、電力のない時代に帰ればいいわけですよ。しかし、現実は、それでは済まないでしょう。

今、このへんについて、かなり原始的な議論に戻っています。ルソーの「自然に帰れ」のようなレベルまで戻ってきているので、やはり、勇気を出して踏《ふ》みとどまらなければいけないと思います。

大災害は、ときどき起きますが、起きたときには、耐《た》えなければいけないのです。

天変地異は「神々の怒《いか》り」の表れであると知れ

大川隆法　あと、マスコミや国民の大部分は認めないかもしれませんが、天変地異に関しては、次のようなことも言えます。

今回、民主党政権下で東日本大震災が起きました。その前は、村山《むらやま》政権下で阪《はん》神《しん》・淡路《あわじ》大震災が起きました。つまり、左翼政権ができたときに、大震災が起きています。これは、私たちの霊査《れいさ》によれば、「日本神道《しんとう》系の神々がかなり怒《いか》っておられる」ということを示しているのです。

しかも、民主党政権は、神々が怒って政権に罰《ばつ》を与《あた》えているのに、「自分たちには責任がない」と言って、それを国民に振《ふ》り替《か》え、増税など、国民をさらに苦しめるようなことをしています。

やはり、「徳のある政権」が続けば、そうした天変地異は少なくなってくるので、そういうことを原理として知っておいたほうがよいでしょうね。これは、霊《れい》界《かい》科学としても言えることなのです。

はっきり言えば、当会に、「ハザードマップ（災害予測図）ならぬ、震災工程表を出していただけないでしょうか」と訊《き》いてもらえれば、できないことはありません。ただ、大勢の人が怖がるので、言えないんですけれどもね。

とにかく、「天変地異は、政治がうまくいっていないことへの、神々の意思表示である」ということを知っておいたほうがいいですよ。

「神々がお怒りになると、断層は生き生きと動き始める」ということは、言っておきたいと思います。

今こそ、「革命思想」が到来《とうらい》しなければいけないとき

立木　断層を動かさないためにも、国民全体に信仰心《しんこうしん》が必要かと思います。

大川隆法　そうそう。信仰心が必要です。

天罰というのは、昔から言われていることですから、実際にあるし、これは、実は、革命思想とつながっているものです。

つまり、革命思想というのは、「天変地異をはじめ、食料危機、水の危機、大火事など、少し普通《ふつう》ではない事態が起きるときは、天意が変わったときであり、天は革命を欲《ほっ》している」という考えであって、そうした尋常《じんじょう》ではない事態は、「新しい指導者よ、出てきなさい！」ということを示していることが多いんですよ。

近年、日本では、阪神・淡路大震災と東日本大震災が起き、さらに、外国からの侵略《しんりゃく》の危機も起きていますが、これは、もう、革命思想が到来しなければいけないときです。天意として、「改革者よ、現れなさい！」ということを教えているのでしょう。しかし、教育が正しくないために、それを解読できない状態になっているわけです。ここのところを指摘《してき》しておきたいですね。

「関東大震災《だいしんさい》」が起きた霊的《れいてき》背景とは

立木　少し外れるかもしれませんが、近代では、関東大震災《だいしんさい》も起きています。「東日本大震災と、阪神・淡路大震災は、左翼政権のときに起きた」とのことですが、この関東大震災の霊的《れいてき》背景は、どういうものだったのでしょうか。

大川隆法　何年ぐらいでしたか。

立木　一九二三年です。

大川隆法　大正何年ぐらいでしょうか。大正の終わりぐらいですか。

立木　そうです。大正十二年です。

大川隆法　あのころ、大正天皇は、ご病気で、政務を執《と》れない状態でした。非常に見るに堪《た》えない状況《じょうきょう》であり、のちの昭和天皇が、二十代の若さで摂政《せっしょう》をしておられるような時代だったのです。

ですから、天意としては、「総理大臣、もしくは、その上の天皇のところに問題がある」ということで、おそらく、大正時代に対する何らかの忠告が来ていたのではないかと思われます。明治帝《てい》の徳がつながっていなかった部分があるわけです。

当時、「天皇」「皇室」と「実際の政権」とがどういう関係になっていたか、分からないところはありますが、おそらく、神意に反するような政治が行われていた部分があったのでしょう。実際は、昭和の不幸の序曲が始まっていたのではないかと思います。

大本教《おおもときょう》は、明治の終わりから、「日本は、これから大変な時代になる」「火の雨が降る」と言っていました。東京大空襲《だいくうしゅう》などを予言していたわけです。また、ほかにも、関東大震災を予言した人がいます。それは、日露《にちろ》戦争で名参謀《さんぼう》を務めた秋山真之《あきやまさねゆき》です。彼は、日露戦争のあと、宗教家のようにもなって、「東京に地震が来る」などと言っていたのです。

彼には、〝バルチック艦隊《かんたい》のとき〟と同じように、関東地方が地震でやられ、燃えている様子がありありと見えたらしいですね。ただ、時間がずれて、実際には、予言した数年後に起きました。明日にでも来るような言い方をしたために、「気が触《ふ》れた」と思われたようです。

まあ、おそらく、関東大震災は、日本の国がより大きな不幸に向かっていくのを食い止めるために、考える材料として起きたのではないかと思われます。

綾織　一九二九年に、世界恐慌《きょうこう》があって、三一年になると、軍部は、満州《まんしゅう》事変を起こすなど、かなり勝手に動き始めています。

大川隆法　おそらく、何か、考えを変えなければいけないものがあったのではないでしょうか。

私たちは、歴史の教科書で、大正デモクラシーはうまくいったように学んでいますが、明治帝のあとの大正時代に、何か、問題の種があったのではないでしょうか。実は、昭和前半期の問題の種に当たるものが、発生していたのではないかと推定されます。

・日清《にっしん》戦争と日露《にちろ》戦争のマイナス面

大川隆法　日本は、日清《にっしん》戦争・日露《にちろ》戦争に勝ったものの、世界は、共産主義勢力を広げる方向に動いていきました。

例えば、ロシアでは、ロシア革命が起きてしまい、長期にわたる共産党政権ができてしまいました。あれは、少し問題だったと思いますし、その後、中国で、毛沢東《もうたくとう》の共産主義革命が起きるもとにもなっています。日本は戦争に勝ちましたが、それがマイナス面にも働いたわけです。

日本との開戦時の大統領であるフランクリン・ルーズベルトにしても、「共産主義者だった」という意見があるほどですし、「大統領の補佐官《ほさかん》にソ連のスパイが入っていた」という説も強いのです。

・明治の元勲《げんくん》の死去と、官僚《かんりょう》主義の跋扈《ばっこ》

大川隆法　関東大震災が起きたころは、のちの昭和天皇が、摂政として大正天皇を補佐していましたが、明治の元勲《げんくん》が亡《な》くなっていった時期でもあります。

元勲が生きている間は、大丈夫《だいじょうぶ》だったんですよ。明治維新《いしん》からの戦争を実際に体験してきた人たちが生きている間は、政治に対して、きちんと意見が言えたため、日本は戦争に負けなかったのですが、大正の終わりぐらいになると、そういう人たちが亡くなっていったのです。

つまり、戦争を知らない世代になってきたころに、次の危機の種が胚胎《はいたい》していたのではないかと思います。

まあ、官僚《かんりょう》主義が跋扈《ばっこ》して、陸軍大学校や海軍士官学校での成績だけですべてを動かせるような時代、あるいは、実戦を知らない人が、知識だけ、空理空論だ

けで動かせるような時代になっていこうとすることへの警告があったのでしょう。

・国づくりを考え直すチャンス

大川隆法　また、関東大震災あたりは、国づくりを、もう一回、考え直すチャンスだったと思うのです。

あのとき、東京市長なども務めた後藤新平《ごとうしんぺい》が、「百メートル道路をつくる」という復興計画を立てていました。その原案は、日比谷《ひびや》公園をつくった本多静六《ほんだせいろく》が、「震災に強い百メートル道路をつくる」と言って、近代的で合理的な都市計画をつくったものでした。

もし、あのとき、後藤新平などが考えたような百メートル道路をつくっていたら、次の大戦での、大空襲による大量虐殺《ぎゃくさつ》はなかったかもしれません。道路で火が止まり、焼夷弾《しょういだん》が効きにくいので、アメリカは、東京丸焼き作戦を、あそこまではできなかっただろうと思います。

あのとき、ケチをして予算を削減《さくげん》し、規模を小さくしてしまったのは、残念だったと思います。

いずれにしても、国のあり方について、何か、反省を求めていたのではないかと思われます。

・昭和天皇の政治とのかかわり

大川隆法　あと、シークレットの部分ですが、先日、東條英機《とうじょうひでき》の霊言《れいげん》を録《と》ったところ（『公開霊言　東條英機、「大東亜《だいとうあ》戦争の真実」を語る』〔幸福実現党刊〕参照）、天皇の戦争責任について、はっきり、「ある」と言っていました。また、終戦直後、内閣総理大臣をされた東久邇宮稔彦王《ひがしくにのみやなるひこおう》も、戦後、「天皇に戦争責任があると思う」と述べています。この方は、昭和天皇の皇后の叔父《おじ》に当たる方なので、そういうことが言えたのかもしれません。

昭和天皇は、実際、大正時代から政治にタッチしており、戦争に至るまでの軍部の動きについても、かなり細かいところまで、口を挟《はさ》み、手も出していたようです。戦後、上手に美化されて、皇室は生かされていますが、本当は、何かあるのだろうと思うんですね。

まあ、このへんについての警告があったのではないでしょうか。私は、ここまではあまり暴《あば》きたくないのですが、大正時代に、何か、根っこの部分があったのではないかと思われます。

・マルクス主義の思想的影響《えいきょう》

大川隆法　それから、大正から戦前あたりは、日本にもマルクス主義が十分に広がってきていましたが、これも、危ないことだったと思います。

よく、「軍部の独走」という言い方をしますが、軍部の全体主義的な動きは、はっきり言って、社会主義的な全体主義なんですよ。共産主義とまで言えるかどうかは分かりませんが、あれには、完全に、社会主義的全体主義が入っていたのです。

その意味で、当時、日本は、マルクス主義の思想的影響《えいきょう》を受けていたと思います。このへんのところも関係があるのではないでしょうか。

綾織　はい、ありがとうございます。

7 「時代のデザイナー」としての使命

「大川隆法のスタッフは五百人体制」という憶測《おくそく》

綾織　本日は、「政治革命家・大川隆法」というテーマでお伺《うかが》いしてきましたが、「社会保障のあり方」なり、「いかに世界のリーダーたるべきか」という議論なり、さまざまな、ある種の革命思想を出されているわけです。

それを一般《いっぱん》の人が見たときに、「なぜ、これだけのものが出てくるのか」ということについて、素朴《そぼく》な疑問として思うところがあります。

例えば、自衛隊の幹部の方と話をすることもあるのですが、「これだけの政策が出てくるということは、スタッフが五百人ぐらいはいますよね?」などと言われるんですね（会場笑）。

大川隆法　ほう……（笑）。それは意味深ですね。

綾織　ただ、実際の体制を見ると、そうでもないわけです。まあ、確かに、天上界《てんじょうかい》には、「幸福の科学の支援霊団《しえんれいだん》が五百人ぐらいいる」（『真実への目覚め』〔幸福の科学出版刊〕他参照）と説かれていますので、ある意味では、そのとおりだと思いますが……。

大川隆法　うーん。

綾織　このように、あらゆる政策が出てくる「政治革命家・大川隆法」の秘密の一端《いったん》を、最後に、少しお教えいただけないでしょうか。

もともと「時代のデザイン案」を下界《げかい》に投げかけている存在

大川隆法　人間としての、個人的な努力の部分もあるでしょうが、ただ、やはり、その奥《おく》には大きな天命があるような気がして、しかたがありません。

いわば、私は、「時代のデザイナー」なのだと思うんですよ。もともと、霊的《れいてき》な存在としては、「どんな時代をデザインしていくか」ということを考え、時代をつくっているのだと思います。

つまり、「時代のデザイン案」を下界《げかい》に投げかけているわけですが、現実に、地上界で生きている人にそれをさせてみると、「うまくいかずに、チョンボが相次ぐ」ということがあっては、何度もやり直しを繰《く》り返していると思うんですね。

その「時代のデザイナー」の部分が、ある程度、才能として出てきているのだろうと思いますが、実は、そのことには、もう、あらゆるものがかかわってきます。そういう総合的なものであるわけです。

若いころから努力して、「諸学の統合」ということはやってきたのですが、「時代のデザイナー」でもあるということですね。

防衛庁幹部が驚嘆《きょうたん》したプロフェッショナルな政治・外交知識

大川隆法　今、自衛隊の方のお話もありましたが、一九九一年に、当時の防衛庁幹部、肩《かた》に階級章をつけているような自衛隊の偉《えら》い人を百人ぐらい集めてお話ししたことがありました（注。一九九一年二月二十八日、「日本の安全保障」と題して講演した）。

「超能力者《ちょうのうりょくしゃ》か霊能者《れいのうしゃ》が来るらしい」と聞いていたのか、参加者はみな、最初、恐《おそ》る恐るといった様子で集まっていたのですが、私が講義を始めてから十五分ぐらいすると、背筋を正してノートを取り始めたんですね（笑）。私の話を聴《き》いて、国際政治史や外交についてプロフェッショナルな知識を持っていることが分かり、驚いてしまったようでした。ある程度、この世的に、やるべきことはやっているのです。さらに、さまざまな霊的直感や予想のようなものも加わっているわけですね。

結局のところ、「仕事の幅《はば》の広さ」は、「責任感の重さ」と「使命感の重さ」が決めていると思います。

自らの使命が小さければ、小さいままだと思いますが、「大きな使命を負っている」と思えば、やはり、どうしても、自分を耕して広くしていかざるをえません。そのような関係になっていると思います。

運を天に預け、「時代の先駆者《せんくしゃ》」の使命を果たす

大川隆法　あるいは、自分としては、「とっくに限界が来ている」と思うときがあるのに、そのあとにまた、大きな仕事が次々と出てくることがあります。これは、もはや、自らの運命を委《ゆだ》ねなければいけない面もあるのでしょう。

どの革命家にも、それぞれの運命があるでしょうから、彼らには、「どのような生き方をし、どのような死に方をするか」といった運を天に預け、任せないとしかたがない面もあるのではないかと思います。

したがって、私の言う「革命」とは、決して、「世の中を目茶苦茶《めちゃくちゃ》にする」というような意味での〝ギロチン革命〟ではありません。時代の先駆者《せんくしゃ》として、「これからなさねばならないことに対しては、やはり、言っていかなければならない」と考えているのです。

その提言があまりにも早いために、〝宿題〟が多すぎるように見えるのかもしれませんが、「言うべきことは言おう」と思っています。

「五百人ぐらいのスタッフがいるのではないか」と言われたそうですが、当会には、ちょうど、そのくらいの支援霊団が天上界にいますので……。

綾織　そういう意味では、正確な見積もりです。

大川隆法　正確に当たってはいますね（笑）。これからも、まだ、だんだんに出てくるような感じがします。

「国の誇《ほこ》り」を支えているものは信仰心《しんこうしん》

大川隆法　それと同時並行《へいこう》で、「日本人の失った信仰心《しんこうしん》を取り戻《もど》す運動」もやっています。やはり、「神仏《しんぶつ》を信じない」ということが、結局、「国としての誇《ほこ》り、国民としての誇り」を失うことにつながっていくのです。

要するに、「誇りを失った国民、誇りを失った国家は滅亡《めつぼう》に至る」というのは、歴史の必然だからです。

この誇りの部分を支えているものは、実は、信仰心であり、「自分は神仏《しんぶつ》の子である」という尊さの自覚なのです。したがって、この信仰というものを教えることが、結局、日本の誇り、日本人の誇りになり、国家のリーダーとしての自覚になるわけです。

中国に呑《の》まれかかっている香港《ホンコン》で仕掛《しか》けた「反革命運動」

大川隆法　実は、私は、まあ、台湾《たいわん》もそうですけれども、香港《ホンコン》のほうに、中国に対する「反革命運動」を仕掛《しか》けています。

香港では、ここ十数年で、中国の支配権がだんだん強くなってきたため、「これでは、とてもじゃないが、『一国二制度』は五十年間もたない。このままだと、中国政府にやられてしまうのではないか」ということで、大きなデモが計画、実行されていますが、やはり、〝香港的なるもの〟を経験したところでは、中国に呑《の》み込《こ》まれたくはないでしょう。

逆に、「〝香港的なるもの〟によって、中国全体を覆《おお》っていく方向が、中国の国民にとっては幸福なのではないか」と考えていますので、それをやりたいと思います。

また、「中国の自由化・民主化は、思想の力と、信じる人たちの力によって、ぜひとも成し遂《と》げたい。そして、不当にも、中国共産党政府が近隣《きんりん》の国家をもぎ取り、『自治区』と称《しょう》しているところに対しては、きちんと独立を与《あた》えたい」という気持ちを持っています。

やはり、このことを言わずして、「尖閣《せんかく》を取った、取られた」というような言い方をさせてはなりません。よその国をたくさん取っておいて、「尖閣を取られた」と言う資格はありません。本当に「権限なし」です。これは問題だと思いますね。

第二次大戦〝戦勝チーム〟中心の国連を改革する必要性

大川隆法　さらに、国連についても改革しなければなりません。これは、第二次大戦の戦勝国による〝戦勝チーム〟を永遠に維持《いじ》しようとする仕組みになっていますので、次には、国連の改革をする必要が絶対に出てくると、私は思います。

したがって、世界的に幸福の科学の支部が広がり、信者が広がれば、次には、国連改革までいくでしょう。

「長年、国連への拠出金《きょしゅつきん》が一位か二位である日本が、常任理事国にもなれず、発言力もなく、金だけ取られている」というような、この状態を、韓国《かんこく》や北朝鮮《きたちょうせん》、中国は維持してほしいことでしょう。ただ、やはり、責任相応の発言力はなければいけないと思います。

ＥＵの繁栄《はんえい》は「強いドイツの復活」にかかっている

大川隆法　やはり、国連改革をしなければいけません。それとともに、ドイツも解放してやらなくてはいけません。

要するに、ＥＵがうまくいっていないのは、ドイツが自信を持っていないからですよ。日本と同じです。

綾織　ええ。

大川隆法　ドイツは、先の戦争でのナチのことばかり、ずっと言われてきています。「おまえらは悪人だ」と言われてきたために、自信がないのでしょうが、どう見ても、ＥＵの中心はドイツですよ。

綾織　はい。

大川隆法　ドイツが強くなければ、ＥＵは繁栄《はんえい》しません。やはり、ドイツへの〝規制緩和《かんわ》〟をしてやらなければいけません。各国からの見方を変えてあげなければならないでしょう。「時効」という概念《がいねん》を与えてやらなくてはいけないですよ。

ヒトラー一人でやったことを、千年も万年も引っ張ってはなりません。たまたま、そういう者が出てくることはありますが、ある程度のところまで成功したことは事実です。第一次大戦から国を復興させるところまでは、ヒトラーはドイツの英雄《えいゆう》だったのです。これは事実です。第一次大戦後のドイツは、すごく悲惨《ひさん》なものだったのに、それを、ヒトラーは、魔法《まほう》のように短期間で復興させました。ここまでは英雄でした。国内については、まあ、いいところまでいったのです。

しかし、侵略《しんりゃく》を開始したところからあとが問題ですね。石炭が欲《ほ》しくて近隣地域まで拡張しようとしたあたりまでは、まだ少し理解できないこともないのですが、ソ連やイギリスまで攻撃《こうげき》し始めたころになると、これは、もはや行きすぎている感じがします。やや狂《くる》ってきたところがあったかもしれません。

ただ、ヒトラーは独裁者だったかもしれませんが、一人の人間として、約九十パーセントの支持率で、民主主義的に選ばれた人ではあったわけで、国民も支持していたと思うんですよ。結果的には失敗しましたが。

日本とドイツを「国連常任理事国」に

大川隆法　いずれにしても、ドイツも日本と同じで、もう一度、誇りを取り戻すべきですし、国連の重要メンバーとして使命を果たすべきだと思うのです。

綾織　はい。

大川隆法　ＥＵは、ドイツをもう少し自由にしてやらないかぎり、あるいは、発言権を与えてやらないかぎり、やはり、ＥＵ全体として繁栄することもないのではないでしょうか。みんなでドイツを責め続けつつ、金だけをむしり取っているような状態でしょう。これでは力が出ません。日本と同じような状態ですよ。

立木　欧州債務《おうしゅうさいむ》問題等で、ドイツがお金を出し渋《しぶ》っているのは、やはり、そのような背景があるんですね。

大川隆法　それはそうですよ。お金をあげても、むしり取られるだけで、何もさせてもらえないんですからね。お金を出し渋るのは当たり前です。

「ドイツの言うことをきくのであれば、お金だって出しますが、どうせきかないでしょう？　お金が欲しいだけなんでしょう？」ということです。これでは、たまらないですよね。

まるで、「一パーセントの大金持ちから巻き上げたら、あとの九十九パーセントは食える」と言っているような感じに近く、ＥＵは加盟国ばかりが増えましたが、貧乏《びんぼう》な国ばかり増えてくるため、たまらないわけです。

やはり、ドイツに、「どこの国も、〝生活保護〟が欲しくて集まってきているが、

〝生活保護〟の国ばかりでは困る。考え方を教えるから、経済的に発展するような、ドイツ的な国のやり方に変えてくれ」という意見ぐらいは言わせてやらないと駄目《だめ》ですよ。「自分の国をもう少し豊かにしてくれ」と指導させてもらわないといけません。ドイツを解き放ってやらないとかわいそうです。

これが、ＥＵを救う方法の一つです。

今は、アメリカの救う力が少し弱ってきていますので、やはり、ドイツが頑張《がんば》らなければいけません。絶対に、日本とドイツを国連常任理事国に入れなければ駄目ですよ。これは言っておきたいですね。

8 「自由」こそが「幸福な社会」を実現する

「チャンスの自由」が私の成功の原動力だった

立木　最後に、一つお伺《うかが》いしたいことがあります。大川隆法総裁の政治思想においては、「自由」ということが、非常に重みを持っていると思います。「日本は『自由の大国』たるべし」と説かれているところですね。

大川隆法　ええ。

立木　大川総裁にとって、その「自由」が重みを持つようになった原点には何があるのでしょうか。

大川隆法　それは、「自分には、特別に恵《めぐ》まれたものが何もなかった」というところが大きいと思います。

立木　はい。

大川隆法　「特別に恵まれたもの」とは、要するに、生まれた家柄《いえがら》や地域などの環境《かんきょう》のことですね。

例えば、鳩山《はとやま》家のように、四代目、五代目と続く明治以降の名家で、総理大臣が出た家系でもなく、安倍《あべ》家のように、先祖から総理が二人も出た家系でもなく、小泉《こいずみ》家のように、代々、政治家の家系でもありません。

また、ブリヂストンの石橋《いしばし》家のような財産家に生まれたわけでもありません。

特別なものはまったく何もない、ごく普通《ふつう》の家庭で、しかも、都会でもなく（笑）、田舎《いなか》から出てくるというハンディを背負ってやってきたわけですが、ただ、与《あた》えられたものは「自由」です。その本当の意味は、「チャンスの自由」だったと思うんですね。

自分でチャンスを選んで挑戦《ちょうせん》し、自分なりに努力して成果をあげれば、評価される社会。これが、自分の成長にとっては、とてもよかったのです。

本当の「自由」を与《あた》えれば、「平等」は必ずついてくる

大川隆法　それだけに、私は、「人間の幸福感において、『自由を奪《うば》われる』ということは、やはり、非常に重いものがある」と思います。また、「国家において

は、『国民の自由』を保障することこそが重要な責務である」と思うんですね。

フランス革命以降、「自由」と「平等」の戦いが起きてきていますが、一般的《いっぱん》には、「『自由』と『平等』は相剋《そうこく》するものだ」と思われているのではないでしょうか。

例えば、鳩山由紀夫《ゆきお》氏の信奉《しんぽう》していた、「友愛」を提唱したカレルギーという人がいます。この人には、鳩山氏の祖父・鳩山一郎《いちろう》元総理によって翻訳《ほんやく》された『自由と人生』という本があります。

それを読んでみると、確かに、宗教的な内容で、いいことが書かれてはいるのですが、その基本的な考えとしては、「『自由』と『平等』は相剋するものだ」という発想であるように思うんですよ。そして「優《やさ》しい世界をつくらなければ、うまくいかない」と考えているようなのですが、「自由」と「平等」が相対立するように思っているところが、本当はまだ浅いと思います。

本当の自由を与《あた》えれば、平等はちゃんとついてくるんですよ。自由を与えれば、さまざまなものに参加するチャンスが出てくるのです。要するに、「誰《だれ》でも総理大臣になれるチャンス」があるわけですね。誰でもビル・ゲイツのような大富豪《だいふごう》になれるチャンスがある社会というのは、ある程度、「チャンスの平等」が与えられていなければありえないことなんです。

つまり、「自由」を保障すれば、「平等」はついてくるのです。反対に、結果を平等にしようとしたときに、実は、自由は完全に圧殺されます。

「ビル・ゲイツも、潰《つぶ》れかけの会社で働いている人も、国の税金を投入されていない会社に働いている人も、すべて同じ生活水準にしろ」というのは、かなりの圧殺社会ですよ。

それは、「嫉妬《しっと》の原理」だと思いますが、やはり、それに負けないでほしいのです。今、オバマさんも、そのような考えに負けかかっていると思います。

やはり、能力を発揮し、努力して、ほかの人にまで恩恵を施《ほどこ》すことができた人というのは立派な方です。そういうものを尊敬する心を失ったら、もはや、まっとうに働く人はいなくなります。補助金で生きていく人間ばかりつくったら、そもそも、この世に生まれた意味がなくなるでしょう。

そのために、まずは、「チャンスの平等」を与える必要がありますが、そのあとは、「努力によって道を開いていく自由」が大事になるわけですね。

「一人一票」の選挙制度は「結果平等」に引っ張られやすい

大川隆法　したがって、私は、「自由」ということを強く唱えているように見えるかもしれませんが、そのなかには平等が入っているのです。

「結果の平等」を言いすぎたのが、実は、「一人一票」の選挙制度です。これも、民主主義制度のなかに、「結果の平等」を引っ張ってくる強い力を持っているんですね。

何しろ、「一人一票」なんですから、ビル・ゲイツだって、乞食《こじき》だって、同じ「一票」です。税金を払《はら》っていようが、払っていまいが、一票なのです。

こうした制度において、どちらの勢力のほうが強いかといえば、それは明らかです。「成功した人」よりも「失敗した人」のほうが数は多く、「税金をたくさん払っている人」よりも「税金をあまり払っていない人」の数のほうが多いんですよ。そのような社会は、放っておくと、沈《しず》んでいくおそれがあります。

もちろん、「弱い人たちを守る」という意味では、「一人一票」は大事なことであると思いますし、多額の税金を払っている人の支えによって、生活保護などを受けられる可能性が増すのは、当然のことなのですが、そちらの層が多くなりすぎると、やはり、社会は沈んでいってしまいます。

「『日本人の半分はメタボです。病気になる寸前の人たちばかりです。だから、日本人の半分をつかまえて病院に放り込《こ》み、病院手当を出し、病院で楽しく暮らせるようにすることが理想社会です』というような思想を持ったら、不幸になる」と、私は思うんですね。

したがって、「政府は、あまり『大きな予算』『大きな権力』を目指しすぎず、ある程度少ないお金であっても、効率的な使い方をすることによって、国民の富を増やしていくようにしたほうがよい」と思っています。

国債《こくさい》は「国民の権利」「国民の財産」でもある

大川隆法　また、国債《こくさい》の考え方について、改めて述べておくとするならば、これは、「国の借金」ではなく、「国民の債権」でもあります。つまり、「国民の権利」であり、「国民の財産」でもあるわけです。

国債というのは財産ですから、それを「現金で持っているか、〝国への出資証明書〟というかたちで持っているか」というだけの違《ちが》いであり、最終的には、「国が発展すれば、すべての債権は生きるので、問題ない」と思うのです。

そういう意味では、国民が債権をずっと持っている状態でもよいのではないでしょうか。「国民主権」なんですから、国民は債権者として、政府に金を貸していてもよいと思うのです。そうすれば、「よく言うことをきいてくれる政府」になることでしょうから、そんなに心配することはありません。

むしろ、恐《おそ》れるべきは、この二十年間、発展を止《と》めても、何とも思っていないところでしょう。そこに問題があるわけですよ。やはり、普通に成長していかなければいけません。

金利についても、もともと、借入金での法定金利は、約束も何もなかったら、五パーセントになっているでしょう? つまり、「五パーセントの金利がある」ということは、「放っておいても、普通の経済活動をすれば、五パーセントぐらいは成長するだろう」ということです。それが当たり前のことであり、そのくらいの成長速度で来たから、今、ここまで大きくなってきているんですよね。

それができずに、「ゼロ成長」を目指すような国家にしてはいけないと思うのです。それが続くなら、規制に何かまだ問題があるのでしょう。

「福島の避難民《ひなんみん》十五万人」の問題をどう解決するか

大川隆法　先ほども「自由」について述べたように、マスコミが〝自由〟に発言してくれた結果、規制が増え、「あれも駄目《だめ》、これも駄目」ということばかりになってくるので、そのあたりは少し問題ですね。

今、政治の争点になっている福島の避難民《ひなんみん》十五万人の問題についても、テレビ局などのマスコミでは、「自宅に帰れないんです。どうしたらいいんですか」「仮設住宅が狭《せま》くて苦しいんです。どうしたらいいんですか」「われわれの未来はどうなるんですか」といった声を流し、「その問いに誰も答えられないから問題だ」というようなことばかり報道しているのですが、好きにさせたらいいんですよ。「放射線を浴びるかもしれなくても、帰りたい」というなら帰ったらいいです し、「もう二度とごめんだ」と思うのなら、よその県に行ってもらってもいいし、そんなのは自由です。

あとは、「金銭的に補償《ほしょう》するかどうか」だけを判断すればよいことです。

私は、「もう帰っても大丈夫《だいじょうぶ》だ」と思いますよ。同じ所ばかり、何回も地震《じしん》が襲《おそ》わなければいけない理由もありません。むしろ、ほかの場所へ行く可能性のほうが高いので、「避難した」と思ったら、運の悪い人は、もう一回、同じことを経験することになるかもしれません。もう少し勇気を持って、今一度、町興《まちおこ》しをしてはいかがでしょうか。

もう、政府など、どうでもよいのです。自分たちでやったらよいと思います。

政府が「帰ってはいけない」などと言うから駄目なのでしょうが、原発で働いている人もいるのでしょう? 現実に、人間は住んでいるんですよ。彼らも生活しているのですから、住めないわけはないでしょう。見たこともない放射線を、「○○シーベルト」などといって機械で測っているだけでしょうが、「ない」と思えば、ないんですよ。

幽霊《ゆうれい》だって、見たことがない人は信じていないでしょう。「霊なんて見たことがない」という人は、それを信じていないのです。

自分にも、他の人にも、みな、霊体《れいたい》が入っていても、「自分自身が霊であることさえ見たことがないから、信じていない」という人たちは、そんな、「見たこともない放射能」ばかり信じないでよいと思うんですよ。

だから、霊界《れいかい》も信じず、霊体であることも信じていない人は、目に見えないものを信じないなら、同じく信じないほうがよいと思います。死ぬのはみな同じですから、「やりたいことをやって死んだらよい」と思いますね。

綾織　はい。ありがとうございます。

「人間社会の本質」は複数性《プルラリティ》・多様性《ダイバーシティ》にある

綾織　本当に、国内の各政党を見ても、自由を制約していくような政党が多いですし、世界を見ても、自由が失われていくような流れもあります。

大川隆法　「自由の原点」は、ハンナ・アーレントが言っているのと同様に、「複数性（プルラリティ）」ですよ。

人間には複数性があり、さまざまな種類の人間がいて、単一の考えというものはないのです。

さまざまな人間がいます。さまざまな考え方、さまざまな皮膚《ひふ》の色があります。また、才能の違いがあり、成長の違いがあり、家柄の違いがあります。このように、さまざまな人がいるわけです。

そういう「複数性（プルラリティ）」、あるいは、「多様性（ダイバーシティ）」が人間社会の本質なのです。これを前提とすれば、やはり、自由を保障しないかぎり、幸福な社会はできないのです。だから、そこは大事な部分なのではないかと思います。

だから、規制や圧政のようなものは、あまりないほうがよろしいと思いますね。

綾織　本日は、「政治革命家・大川隆法」を、非常に分かりやすくお教えいただけたと思います。

立木　「幸福実現」と「自由」の関係が、非常に明確になりました。

大川隆法　多くの方にとって、何らかの参考になれば幸いです。

立木・綾織　ありがとうございました。

あとがき

考えてみれば、明治維新の原動力となった、吉田松陰や西郷隆盛も、宗教的人格を持った、兵法家であり、革命家であり、政治思想家でもあった。

本書の全体から立ち昇ってくる香気は、政治思想家、あるいは政治哲学者としてのそれである。

ここに現代日本のあるべき姿が書かれている。万人《ばんにん》必読の一書である。なぜなら、政治革命家としての信念が縦横無尽に語られている一冊でもあるからだ。

神仏の子としての誇りを手にした人々が、「自由の創設」をすることこそ、国家の持つ使命だと考える。

無神論・唯物論《ゆいぶつろん》を助長し、自国民への弾圧と他国民への侵略を容認する政治を、世界に蔓延《まんえん》させるわけにはいかないのだ。日本よ、「自由の大国」を目指せ。そして「世界のリーダー」となれ。

二〇一三年　七月八日

幸福実現党総裁《こうふくじつげんとうそうさい》　大川隆法《おおかわりゅうほう》

『政治革命家・大川隆法』大川隆法著作関連書籍

『素顔の大川隆法』（幸福の科学出版刊）
『真実への目覚め』（同右）
『日銀総裁とのスピリチュアル対話』（幸福実現党刊）
『公開霊言　東條英機、「大東亜戦争の真実」を語る』（同右）

政治《せいじ》革命家《かくめいか》・大川隆法《おおかわりゅうほう》 ――幸福実現党の父――

2013年7月14日　初版第1刷
2014年3月20日　第2刷

著　者　大《おお》　川《かわ》　隆《りゅう》　法《ほう》

発行所　幸福の科学出版株式会社

〒107-0052　東京都港区赤坂2丁目10番14号
TEL(03)5573-7700
http://www.irhpress.co.jp/

印刷・製本　株式会社 東京研文社

ISBN978-4-86395-359-8 C0030

大川隆法 ベストセラーズ・「大川隆法」の魅力を探る

素顔の大川隆法

素朴な疑問からドキッとするテーマまで、女性編集長3人の質問に気さくに答えた、101分公開ロングインタビュー。大注目の宗教家が、その本音を明かす。

1,300円

大川隆法の守護霊霊言

ユートピア実現への挑戦

あの世の存在証明による霊性革命、正論と神仏の正義による政治革命。幸福の科学グループ創始者兼総裁の本心が、ついに明かされる。

1,400円

大川総裁の読書力

知的自己実現メソッド

区立図書館レベルの蔵書、時速2000ページを超える読書スピード――。1300冊を超える著作を生み出した驚異の知的生活とは。

1,400円

※表示価格は本体価格(税別)です。

大川隆法霊言シリーズ・政治学者シリーズ

篠原一東大名誉教授「市民の政治学」その後
幸福実現党の時代は来るか

リベラル派の政治家やマスコミの学問的支柱となった東大名誉教授。その守護霊が戦後政治を総括し、さらに幸福実現党への期待を語った。

【幸福実現党刊】

1,400円

スピリチュアル政治学要論
佐藤誠三郎・元東大政治学教授の霊界指南

憲法九条改正に議論の余地はない。生前、中曽根内閣のブレーンをつとめた佐藤元東大教授が、危機的状況にある現代日本政治にメッセージ。

1,400円

憲法改正への異次元発想
憲法学者NOW・芦部信喜 元東大教授の霊言

憲法九条改正、天皇制、政教分離、そして靖国問題……。参院選最大の争点「憲法改正」について、憲法学の権威が、天上界から現在の見解を語る。

【幸福実現党刊】

1,400円

幸福の科学出版

大川隆法霊言シリーズ・正しい歴史認識を求めて

原爆投下は人類への罪か?

公開霊言 トルーマン＆F・ルーズベルトの新証言

なぜ、終戦間際に、アメリカは日本に2度も原爆を落としたのか?「憲法改正」を語る上で避けては通れない難題に「公開霊言」が挑む。
【幸福実現党刊】

1,400円

公開霊言 東條英機、「大東亜戦争の真実」を語る

戦争責任、靖国参拝、憲法改正……。他国からの不当な内政干渉にモノ言えぬ日本。正しい歴史認識を求めて、東條英機が先の大戦の真相を語る。
【幸福実現党刊】

1,400円

本多勝一の守護霊インタビュー

朝日の「良心」か、それとも「独善」か

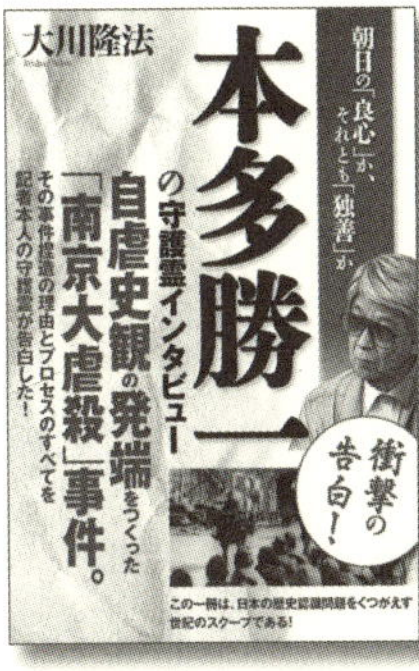

「南京事件」は創作!「従軍慰安婦」は演出! 歪められた歴史認識の問題の真相に迫る。自虐史観の発端をつくった本人(守護霊)が赤裸々に告白!
【幸福実現党刊】

1,400円

幸福の科学出版

大川隆法霊言シリーズ・中国の今後を占う

中国と習近平に未来はあるか

反日デモの謎を解く

「反日デモ」も、「反原発・沖縄基地問題」も中国が仕組んだ日本占領への布石だった。緊迫する日中関係の未来を習近平氏守護霊に問う。

【幸福実現党刊】

1,400円

周恩来の予言

新中華帝国の隠れたる神

北朝鮮のミサイル問題の背後には、中国の思惑があった！ 現代中国を霊界から指導する周恩来が語った、戦慄の世界覇権戦略とは!?

1,400円

小室直樹の大予言

2015年 中華帝国の崩壊

世界征服か？ 内部崩壊か？ 孤高の国際政治学者・小室直樹が、習近平氏の国家戦略と中国の矛盾を分析。日本に国防の秘策を授ける。

1,400円

※表示価格は本体価格（税別）です。

大川隆法 霊言シリーズ・現代日本へのアドバイス

公開霊言 山本七平の新・日本人論
現代日本を支配する「空気」の正体

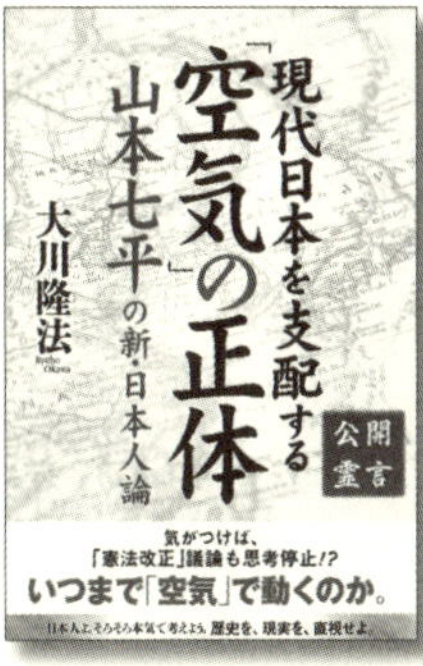

国防危機、歴史認識、憲法改正……。
日本人は、なぜ正論よりも「空気」
に支配されるのか。希代の評論家
が、日本人の本質を鋭く指摘する。

1,400円

大平正芳の大復活
クリスチャン総理の緊急メッセージ

ポピュリズム化した安倍政権と自民
党を一喝! 時代のターニング・ポイン
トにある現代日本へ、戦後の大物政
治家が天上界から珠玉のメッセージ。
【幸福実現党刊】

1,400円

中曽根康弘元総理・最後のご奉公
日本かくあるべし

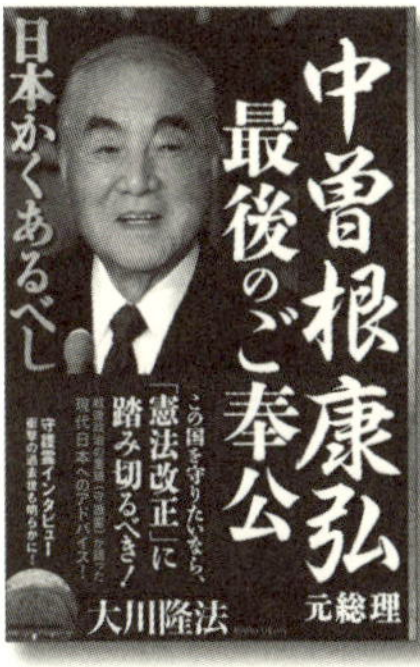

「自主憲法制定」を党是としながら、
選挙が近づくと弱腰になる自民党。
「自民党最高顧問」の目に映る、安倍
政権の限界と、日本のあるべき姿とは。
【幸福実現党刊】

1,400円

大川隆法ベストセラーズ・希望の未来を切り拓く

忍耐の法

「常識」を逆転させるために

人生のあらゆる苦難を乗り越え、夢や志を実現させる方法が、この一冊に──。混迷の現代を生きるすべての人に贈る待望の「法シリーズ」第20作！

2,000円

Power to the Future

未来に力を

英語説法集
日本語訳付き

予断を許さない日本の国防危機。混迷を極める世界情勢の行方──。ワールド・ティーチャーが英語で語った、この国と世界の進むべき道とは。

1,400円

教育の使命

世界をリードする人材の輩出を

わかりやすい切り口で、幸福の科学の教育思想が語られた一書。イジメ問題や、教育荒廃に対する最終的な答えが、ここにある。

1,800円

幸福の科学グループのご案内

宗教、教育、政治、出版などの活動を通じて、
地球的ユートピアの実現を目指しています。

宗教法人　幸福の科学

一九八六年に立宗。一九九一年に宗教法人格を取得。信仰の対象は、地球系霊団の最高大霊、主エル・カンターレ。世界百カ国以上の国々に信者を持ち、全人類救済という尊い使命のもと、信者は、「愛」と「悟り」と「ユートピア建設」の教えの実践、伝道に励んでいます。

（二〇一四年三月現在）

愛

幸福の科学の「愛」とは、与える愛です。これは、仏教の慈悲《じひ》や布施《ふせ》の精神と同じことです。信者は、仏法真理をお伝えすることを通して、多くの方に幸福な人生を送っていただくための活動に励んでいます。

悟り

「悟り」とは、自らが仏の子であることを知るということです。教学《きょうがく》や精神統一によって心を磨き、智慧《ちえ》を得て悩みを解決すると共に、天使・菩薩《ぼさつ》の境地を目指し、より多くの人を救える力を身につけていきます。

ユートピア建設

私たち人間は、地上に理想世界を建設するという尊い使命を持って生まれてきています。社会の悪を押しとどめ、善を推し進めるために、信者はさまざまな活動に積極的に参加しています。

国内外の世界で貧困や災害、心の病で苦しんでいる人々に対しては、現地メンバーや支援団体と連携して、物心両面にわたり、あらゆる手段で手を差し伸べています。

年間約３万人の自殺者を減らすため、全国各地で街頭キャンペーンを展開しています。

公式サイト www.withyou-hs.net

ヘレン・ケラーを理想として活動する、ハンディキャップを持つ方とボランティアの会です。視聴覚障害者、肢体不自由な方々に仏法真理を学んでいただくための、さまざまなサポートをしています。

公式サイト www.helen-hs.net

INFORMATION

お近くの精舎・支部・拠点など、お問い合わせは、こちらまで！

幸福の科学サービスセンター

TEL. 03-5793-1727（受付時間 火～金：10～20時／土・日：10～18時）

宗教法人 幸福の科学 公式サイト happy-science.jp

教育

学校法人 幸福の科学学園

学校法人 幸福の科学学園は、幸福の科学の教育理念のもとにつくられた教育機関です。人間にとって最も大切な宗教教育の導入を通じて精神性を高めながら、ユートピア建設に貢献する人材輩出を目指しています。

幸福の科学学園

中学校・高等学校（那須本校）

2010年4月開校・栃木県那須郡（男女共学・全寮制）

TEL **0287-75-7777**

公式サイト **happy-science.ac.jp**

関西中学校・高等学校（関西校）

2013年4月開校・滋賀県大津市（男女共学・寮及び通学）

TEL **077-573-7774**

公式サイト **kansai.happy-science.ac.jp**

幸福の科学大学（仮称・設置認可申請予定）

2015年開学予定

TEL **03-6277-7248**（幸福の科学 大学準備室）

公式サイト **university.happy-science.jp**

仏法真理塾「サクセスNo.1」 TEL **03-5750-0747**（東京本校）

小・中・高校生が、信仰教育を基礎にしながら、「勉強も『心の修行』」と考えて学んでいます。

不登校児支援スクール「ネバー・マインド」 TEL **03-5750-1741**

心の面からのアプローチを重視して、不登校の子供たちを支援しています。
また、障害児支援の**「ユー・アー・エンゼル!」**運動も行っています。

エンゼルプランV TEL **03-5750-0757**

幼少時からの心の教育を大切にして、信仰をベースにした幼児教育を行っています。

シニア・プラン21 TEL **03-6384-0778**

希望に満ちた生涯現役人生のために、年齢を問わず、多くの方が学んでいます。

NPO 活動支援

学校からのいじめ追放を目指し、さまざまな社会提言をしています。また、各地でのシンポジウムや学校への啓発ポスター掲示等に取り組むNPO「いじめから子供を守ろう！ネットワーク」を支援しています。

公式サイト **mamoro.org**

ブログ **mamoro.blog86.fc2.com**

相談窓口 **TEL.03-5719-2170**

政治

幸福実現党

内憂外患《ないゆうがいかん》の国難に立ち向かうべく、二〇〇九年五月に幸福実現党を立党しました。創立者である大川隆法党総裁の精神的指導のもと、宗教だけでは解決できない問題に取り組み、幸福を具体化するための力になっています。

党員の機関紙
「幸福実現NEWS」

TEL 03-6441-0754
公式サイト hr-party.jp

出版メディア事業

幸福の科学出版

大川隆法総裁の仏法真理の書を中心に、ビジネス、自己啓発、小説など、さまざまなジャンルの書籍・雑誌を出版しています。他にも、映画事業、文学・学術発展のための振興事業、テレビ・ラジオ番組の提供など、幸福の科学文化を広げる事業を行っています。

アー・ユー・ハッピー？
are-you-happy.com

ザ・リバティ
the-liberty.com

幸福の科学出版
TEL 03-5573-7700
公式サイト irhpress.co.jp

THE FACT

ザ・ファクト
マスコミが報道しない
「事実」を世界に伝える
ネット・オピニオン番組

Youtubeにて
随時好評配信中！

ザ・ファクト 検索

入会のご案内

あなたも、幸福の科学に集い、ほんとうの幸福を見つけてみませんか？

幸福の科学では、大川隆法総裁が説く仏法真理をもとに、
「どうすれば幸福になれるのか、また、
他の人を幸福にできるのか」を学び、実践しています。

入会

大川隆法総裁の教えを信じ、学ぼうとする方なら、どなたでも入会できます。入会された方には、『入会版「正心法語」』が授与されます。（入会の奉納は1,000円目安です）

ネットでも**入会**できます。詳しくは、下記URLへ。
happy-science.jp/joinus

三帰《さんき》誓願《せいがん》

仏弟子としてさらに信仰を深めたい方は、仏・法・僧の三宝への帰依を誓う「三帰誓願式」を受けることができます。三帰誓願者には、『仏説・正心法語』『祈願文①』『祈願文②』『エル・カンターレへの祈り』が授与されます。

植福《しょくふく》の会

植福は、ユートピア建設のために、自分の富を差し出す尊い布施の行為です。布施の機会として、毎月1口1,000円からお申込みいただける、「植福の会」がございます。

「植福の会」に参加された方のうちご希望の方には、幸福の科学の小冊子（毎月1回）をお送りいたします。詳しくは、下記の電話番号までお問い合わせください。

月刊「幸福の科学」

ザ・伝道

ヤング・ブッダ

ヘルメス・エンゼルズ

INFORMATION	**幸福の科学サービスセンター** **TEL. 03-5793-1727**（受付時間 火～金：10～20時／土・日：10～18時） 宗教法人 幸福の科学 公式サイト **happy-science.jp**